U0895792

文脉

带你读懂广州

『老城市 新活力』丛书

广州日报读懂广州工作室 著

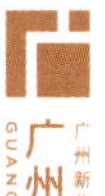

广州出版社
GUANGZHOU PRESS
广州新华出版发行集团

图书在版编目（CIP）数据

带你读懂广州文脉 / 广州日报读懂广州工作室著 . 广州 : 广州出版社 , 2025. 6. -- (“老城市　新活力” 丛书). -- ISBN 978-7-5462-3813-5

Ⅰ. I267

中国国家版本馆 CIP 数据核字第 2025PA4656 号

出 版 人　柳宗慧
书　　名　带你读懂广州文脉
Dai Ni Dudong Guangzhou Wenmai
出版发行　广州出版社
（地址：广州市天河区天润路 87 号 9、10 楼
邮政编码：510635　网址：www.gzcbs.com.cn）
责任编辑　区力文　刘布谷
责任校对　窦兵兵
装帧设计　胡广俊（Gwangjun.com）
印刷单位　深圳市新联美术印刷有限公司
（地址：深圳市龙岗区平湖街道鹅公岭社区凤凰大道凤门园工业园 1 号 A 楼 101、201、301　邮政编码：518111）
规　　格　787 mm × 1092 mm　1/32
印　　张　9.875
字　　数　180 千字
版　　次　2025 年 6 月第 1 版
印　　次　2025 年 6 月第 1 次
书　　号　ISBN 978-7-5462-3813-5
定　　价　58.00 元

檢攝威儀
堂

崇尚名節

國色天香

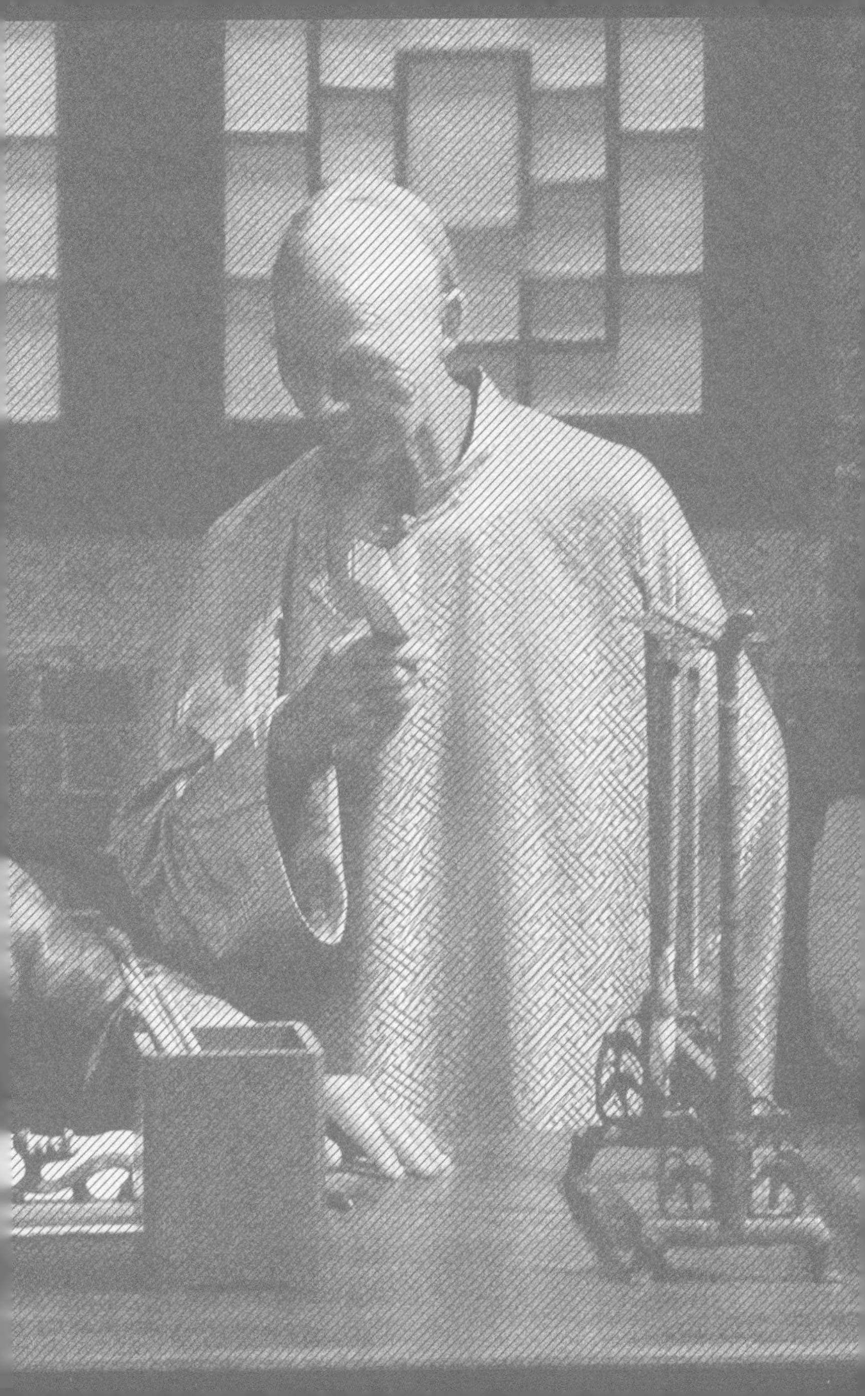

廣州
趙家

总序

广州，是一座什么样的城市?

习近平总书记曾指出，广州是中国民主革命的策源地和中国改革开放的排头兵。1000 多年前，广州就是海上丝绸之路的一个起点。100 多年前，就是在这里打开了近现代中国进步的大门。40 多年前，也是在这里首先蹚出来一条经济特区建设之路。

广州地处南海之滨，是首批国家历史文化名城，也是国际大都市中少见的拥有完整山水格局的城市。

“青山半入城”，“六脉皆通海”。山，犹如广州的城市“基座”。大自然的鬼斧神工，将 6 亿年前的汪洋雕琢成如今绵延千里的南岭山脉。南岭峰峦叠嶂，是长江流域与珠江流域的天然界碑，不仅为岭南大地带来丰富的自然资源和独特的生态环境，也造就了广州这座历史文化名城。南岭余脉延至广州城内，化作标志性的白云山、越秀山以及无数的岗丘。早在 2200 多年前，秦将任嚣便在番山、禺山之麓建“任嚣城”，拉开广州城与山共生的序章。

群山之间，清泉潺潺，汇聚成溪，融入发达而繁复的珠江水系，一路奔腾入海，并在山水相连、江海交汇处，孕育出广州城。这里河涌密布，水网纵横，湖泊星罗棋布。水，不仅滋养了广州人的生命，还培育了广州人的思维方式，广州人的日常生活、言语表达，都不离“水”。时至今日，广州依然保留了濠、涌、滘、沥等众多的“水”地名，以及醒水、心水等丰富的“水”方言。

山水交织，滋养了广州独特的城市演进脉络，造就了一座长盛不衰的商贸之都，也孕育了厚重的岭南文化。

得天独厚的山水格局塑造了广州与其他大都市不一样的城市肌理。走在热闹的北京路上，高大的榕树挂满了红色灯笼，脚下是从唐代直到民国时期的 11 层路面一一叠压。从任嚣建番禺城，到宋扩建三城开凿六脉渠，从明代扩展北城墙至越秀山，到民国拆城墙、开马路，再到如今珠江新城等 CBD 崛起，2200 多年，广州城沿着云山珠水的地理格局，从 0.05 平方公里扩展至 7434.40 平方公里，谱写出波澜壮阔的城脉史诗。

广州因山水而生，又因商而兴，“千年商都”是广州的响亮名片。2200 多年来，广州凭借山、水、江、海交汇的独特优势，始终是中国连通世界的一扇大门。秦汉时期，异域的奇珍异宝，从海路来到广州，经珠江水系辗转中原。唐宋时期，广州通海夷道可以抵达波斯湾、东非等地。官府在今光塔路一带设置蕃坊，供远道而来的外国商人居住。“临江喧万井，立地涌千艘”，明代广州往来商船络绎不绝。在清代，欧美商人奔赴广州贸易，成就了以广州十三行为核心的“天子南库”的繁盛。1957 年创办的广交会，货通四海，成为中国对外贸易的“晴雨表”“风向标”。千年商脉，生生不息。

山水之城，江海之交，千百年来，南北文化在此融合共荣、中外文明在此交流互鉴，孕育出多姿多彩、勇于革新的广府文化。秦汉时期，中原礼乐文化与本土文化在此共舞；唐宋时期，“外国衣装盛，中原气象非”，异域风情沿海上丝路而来；明清以降，广州成为中西文化碰撞交融的前沿阵地，催生了广府文化璀璨成果。自东汉“岭海儒宗”陈元首开岭南人办学之风，一代又一代名师硕儒在此开坛讲学、薪火相传，尤其是书院兴起后，更是学派纷呈，名人辈出。以“三雕一彩一绣”为代表的广州工艺美术技艺声名远扬，在对外经贸与文化交流中发挥了重要的作用，彰显着“千年商都”的风范和深厚的历史底蕴。在传承发扬、创新求变中诞生的岭南三大艺术瑰宝——粤剧、广东音乐、岭南画派，更是融通中西文化，至今仍保持着充沛的活力。

城依山而建，商因水而兴，文因城、商而盛。山、水、城、商、文相互交织绵延，共同塑造出广州兼收并蓄、开放包容、敢为人先、锐意进取的城市性格。这种性格，已然化作城市发展的基石与底色，让这座千年古城始终焕发生机与活力。

五岭巍峨，珠江潮涌，南海滔滔，烟火繁华。“老城市新活力”丛书之“带你读懂广州”书系五个分册，分别从山、水、城、商、文五个维度，用新闻的笔法、历史文化的视角、生活化的表达，引领读者读懂古今广州，感悟岭南文化。

赓续传承、奔赴山海，这套丛书既是对广州山水自然和历史人文的深情致敬与礼赞，更是续写城脉、商脉、文脉传奇的诚挚邀约与热切期待。诚邀每一位读者，跟随这套丛书，走进广州、读懂广州，与这座城市共同续写新的传奇。

“带你读懂广州”书系编委会

二〇二五年五月

一座城市的根与魂

在岁月的长河中，每一座城市都以其独有的方式诉说着过往，展示出其独特的文化根脉。广州，这座拥有 2200 多年建城史的历史文化名城，无疑是最为耀眼的篇章之一。其独特的地理位置、深厚的历史积淀，孕育出璀璨夺目的文化瑰宝，恰如一幅绚丽多彩的画，铺展在中华文明的浩瀚长卷之中。从书院墨香到粤剧韵律，从广东音乐到岭南画派，从“三雕一彩一绣”（牙雕、玉雕、木雕、广彩、广绣）到广东醒狮，每一种文化形态都是这片沃土上的璀璨明珠，不仅彰显了广州文化的多样性，更体现了广州人民敢为人先、开放包容的时代气质。这就是广州这座城市的根与魂。

书院、学宫，作为广州文化传承的重要载体，其历史可追溯至宋代。此后，广州地区的书院如雨后春笋般涌现，广州城内更是出现“一城三学宫”的盛况。这些机构不仅是学子们求知的殿堂，更是文化传承与创新的摇篮。一代又一代的社会精英与风流人物在此成长，广州的教育文化事业也因此蓬勃发展。虽然许多书院、学宫已随岁月流逝而消失，但它们留下的文化印记和精神财富，却如日月，照亮着后人前行的道路。如今，广州的书香之气依然浓郁，百年名校、图书馆、博物馆、文化驿站等文化设施遍布大街小巷，成为广州文化灵魂的厚重载体。

诞生于广州地区的粤剧、广东音乐、岭南画派，是岭南文化艺术的瑰宝。粤剧的绕梁之音、广东音乐的步步高升，既坚守了优秀传统文化，又汲取了外来文化精华，博采众长，自成一格。它们不仅是广府文化的代表，更是凝聚粤港澳大湾区和连结海内外华侨华人的精神纽带。在粤剧的舞台上，在广东音乐的旋律中，我们能够感受到广州人生活的闲适与豪情，能够领略到广州文化的独特魅力。

岭南画派则是广州文化艺术的又一高峰。从“岭南三杰”到“岭南四家”，岭南画派以其独特的风格和革新精神，将中国画推上了一个新的高度，不仅展现了岭南的自然风光与人文风情，更传递了岭南人开放创新、兼容并蓄的品质。这种品质，正是广州城市繁荣昌盛的奥妙所在。

广州的民俗文化活动，更是丰富多彩，引人入胜，不仅丰富了市民的精神生活，还提升了城市的文化品位和知名度。在广州，每个人都能找到属于自己的文化乐园，感受到这座城市的精神魅力。

广州传统工艺极为丰富，其中，“三雕一彩一绣”具有鲜明岭南特色，是广州传统工艺中具有深厚历史文化底蕴的代表性门类，凝结着千年商都匠人之匠心。这些非遗绝技不仅是简单的工艺传承，也是岭南人将生活美刻入时光的记录仪。为了更好展示其特色与魅力，本书分五章向读者展示了“三雕一彩一绣”的技艺演化及文化传承。

广州文脉，是历史的积淀，是文化的传承，是未来的希望。在这片文化底蕴深厚的土地上，广州人民始终保持着对文化的热爱和追求，继续深入挖掘和传承历史文化，推动文化事业和文化产业繁荣发展。打造具有时代特色的文化品牌，让广州的历史文化在新时代焕发出更加绚丽的光彩。

《带你读懂广州文脉》一书，正是对广州这片文化沃土的深情礼赞。它以精练的语言、生动的笔触，展现了广州文化的深厚底蕴和独特魅力。愿这本书能成为连接过去与未来的桥梁，让更多的人了解广州、热爱广州、守住广州的根脉和传承弘扬广州精神，共同书写更加美好的未来。

目录

第一章

第二章

第五章 广东音乐步步高

第六章 岭南画派映时代

第一章 书院荟萃群贤至

文一倪明

书院荟萃群贤毕至，岭南文脉绵延赓续。

书院，是中国古代教育体系中有别于官学的另一个教育系统，它集藏书、修书、读书为一体，既是教育场所，又是研究学术、普及文化的重要阵地。广州书院始于南宋，兴盛于明代，在晚清达到了巅峰，书院数量居全国首位。历代文人学者开馆授徒，薪火相传，才有明清岭南文化的闻名天下，让广州文脉传承不绝。

溯至南宋，玉岩书院留存至今

第一章·第一节

禺山书院：广州有史可载最早的书院

书院之名始于唐代，但那时的书院并不是学校。717 年唐玄宗在洛阳创建的丽正书院据称是我国第一所官办书院，其实它只是修书机构，而不是教育机构。

说起岭南“书院”的文脉渊源，东汉经学家陈元是极其重要的人物。他在洛阳以授徒为业，传《左氏春秋》，被誉为“岭海儒宗”，首开岭南人办学之风。东汉时杨孚在珠江南岸讲学，三国时虞翻在虞苑讲学不倦，这两处早期“书院”，具有后世书院的雏形。

北宋年间，广府学宫始建，被誉为“岭南第一儒林”。从宋代开始，以广州府学为发轫，办学之风吹遍岭南，大量私学涌现。人们意识到，官学这个与科举配套的人才选拔机构，并不足以兴文教，还需要有另一套系统，在名师大儒的主持下讲学启智、传授治术、教养人才，才能裨补官学“课而不教”之不足。

南宋期间，广州至少有 4 所书院，即禺山书院、番山书院、萝坑精舍、濂溪书院。如果加上建院时间尚存疑的菊坡书院，则起码有 5 所。

据志书记载，禺山书院创建于南宋嘉定年间，是广州第一所有文字记载的书院。禺山书院有此声名，也反映出主办者的慧眼：其向南 400 米是广府学宫，向东 500 米是番禺学宫，由此形成广州历史上最早的一个文教区。禺山书院原址约在今广州城隍庙西侧，历宋、元、明三代，毁于明末。

禺山书院到底由谁创建？暂未见到相关记载，只见“梁百揆（南宋岭南大儒）讲学于此”。明代名臣海瑞曾就读于禺山书院，他尊称梁百揆为“端懿先生”。

崔与之创建菊坡书院，濂溪书院纪念周敦颐

在禺山书院开办前后，南宋名臣崔与之致仕还乡。他所创立的菊坡学派是岭南学术史上第一个重要流派。他还开一代词风，在岭南影响尤大，其《水调歌头·题剑阁》是传世名作。

崔与之是广州增城人。传说他退隐家乡后，宋理宗将增城凤凰山赐给他，并御笔书就“菊坡”二字，崔与之便在此创建了菊坡书院。这所书院具体是哪一年创建的，至今仍是个谜。

据《儒林芳草：广州书院史话》记载，禺山书院开办的第二年，崔与之的学生李昴英成为广东历史上第一个探花。他曾在文溪边（今长塘街李家巷）筑室定居，与禺山书院只隔一箭之地。

今日车水马龙的西湖路一带，在宋代是烟波浩渺的西湖。湖畔儒士往来，羽扇纶巾。理学创始人周敦颐两度在广东任职，就住在西湖药洲。周敦颐去世后，人们立祠奉祀，在春风桥北筑景濂堂。南宋淳祐四年（1244 年），广东经略安抚使方大琮利用州学的部分建筑，将其改建为番山书院，把景濂堂改建成濂溪书院，并请李昴英推荐首席教座。南宋理学传人简克己、

陈去华等都曾在广州讲学。根据群儒毕集的盛况，可推断当时广州的书院不止 5 家，可惜因缺乏文字记载，那些桃李春风的故事已消散在历史的长河中。

玉岩书院：广州唯一留存至今的南宋书院

从萝岗香雪公园穿过一条荔枝树密盖的小路，沿着数十级古朴的石阶而上，尽头处便是建于南宋的玉岩书院。

书院最早为萝岗钟姓始祖钟遂和创建的种德庵，用以延师课子，也教授乡邻儒子，钟遂和之子钟玉岩及好友崔与之少时

^ 始建于南宋的玉岩书院（杨耀烨摄）

都在种德庵上学。钟玉岩后来官至朝议大夫，他晚年辞官归故里，修缮、扩建种德庵，更其名为“萝坑精舍”，开馆授徒。钟玉岩去世后，其子钟仕绅塑先父像，并将萝坑精舍更名为“玉岩书院”。其后钟氏族人对书院屡有修缮、续建，使之逐渐形成今日集书院、寺庙、祠堂、园林等于一体的独具特色的岭南建筑群。

^ 玉岩书院可追溯至种德庵（李攀攀摄）

盛于明清，『岭学』登上文化舞台中心

第一章·第二节

甘泉学派桃李天下

元代，广州的文教遭遇低谷。其时，科举中断几十年，直到元皇庆二年（1313 年），朝廷重新为科举考试定制。在元代，创办书院有极其繁复的审批手续，顺利的也要 5 ～ 10 年。广州远离大都，公文往返更加困难。终元一代，广州连一所新创办的书院都没有。

据《广东书院研究》，明初推行重官学、兴科举的文教政策，规定非官学出身不能应科举考试，导致诸多士子趋于官学，府、州、县都办起官学，书院的发展则陷于停滞。在明朝建立后的 137 年中，除了在药洲被重建的濂溪书院（在元末被毁）外，仅有一所新书院开张，就是明正统二年（1437 年）开办的崇正书院。

明代中叶以后，随着广东经济发展，经济中心南移，学术中心也逐渐南移，不少有识之士纷纷创办书院，倡导自由讲学。就在此时，广东出现了一位文化巨擘——陈献章。陈献章提出“学贵知疑”的教育理论，强调“提出问题”之于学习与成长的重要意义，打破了程朱理学沉闷和僵化的模式，开启了明代心学先河。

陈献章还开创了明代性灵诗派。正因他的出现，岭南文化登上了中国文化舞台的中心。明代大儒湛若水在 29 岁时投其门下，成为陈献章首席弟子。湛若水以“随处体认天理”为宗，主张“格物为体认天理”与“为学先须认仁，仁与天地万物为一体”的理念，创立了“甘泉学派”。甘泉学派后来成为理学的一大门派，与王阳明的“阳明学”被时人并称为“王湛之学”。湛若水与王阳明两位心学大师还是至交，他们一见如故，惺惺相惜，相识几十年，书信来往和诗歌唱和极多。明嘉靖七年（1528年），王阳明曾到增城参观明诚书院，又拜访湛若水寓所，写下《书泉翁壁》《题甘泉居》二诗。当时，湛若水仍在南京任职，彼此未能相见。“落落千百载，人生几知音?”“徘徊欲移家，山南尚堪屋。渴饮甘泉泉，饥餐菊坡菊。”诗中表达了王阳明对老朋友的思念，以及希望再与湛若水比邻而居的心愿。

明嘉靖十九年（1540年），75岁的湛若水回到广州的湛家园（在今法政路），岭南儒林为之轰动。御史洪垣刚好巡按广东，他兴建天关精舍，恭请湛若水主持讲学。湛若水往生徒们面前一站，大家都屏息静气，被他的雍雅风度仪容与谈吐镇住了。时人描述他的模样“凛凛有如天神”。

湛若水热心办学，简直到了痴迷的程度。他几乎每到一处都要办书院，据屈大均《广东新语》记载，湛若水一生共建了33所书院，光自己的家乡增城就有4所：甘泉书院、读岗书院、莲洞书院、明诚书院。只要有人想学，他就一定施教。他共有门生弟子3900多人，既给学生讲学提升理论基础，又鼓励他们应举。湛若水活到95岁高龄，谢世前半月，还在广州的禺山书院讲学。湛若水门下不乏年高博学者，当年，数位或年过七旬、八旬，或已百岁的老者慕名而来，拜在湛氏门下。一时间，师生弟子皓首研学，传为儒林美谈。这段著名的“师弟六皓”佳话，被屈大均录入《广东新语》。

明代中叶以后，广东书院昌盛，作为心学集大成者、教育家的湛若水，为此作出了巨大贡献。天关精舍是明代广州书院中一颗尤为明亮的星辰，在湛若水身后，它依然长久地被岭南士大夫奉为精神家园。清代道光年间，一批名重当时的大儒——张维屏、黄培芳、谭莹、陈澧等还定期在天关精舍聚会，在湛若水鳣座前交流学问，并将之视作一种精神的洗礼。

清代广州书院全国最多

清代初期，朝廷禁止民间创办书院，广州城内的书院、学宫几乎全部荒废，或做了马厩，或做了兵营。从康熙后期开始，广东的社会经济得到恢复和发展。清乾隆二十二年（1757年），清政府实行“一口通商”之后，广州几乎独享外贸特权，经济富庶，被誉为“天子南库”。清政府此时已重视科举取士，雍正十一年（1733年）以后，政府确认书院是“兴贤育才之一道也”，制定了由官府拨给经费于各省省会设立书院的制度。

1733年，清政府给全国23所书院各赐黄金千两。由两广总督赵宏灿等捐建、创办于清朝康熙四十九年（1710年）的粤秀书院[1]享此殊荣。因为官方的大力支持，粤秀书院迅速成为全省文化教育重心。

1　原址位于现北京路书院街正南门内盐司街原盐司旧署之地，今已不存。

随着经济文化发展，清代两广参加科举走上仕途的人日渐增多，广东贡院共计选拔 7000 多名举人，广州书院建设规模逐渐达到历史顶峰，数量位居全国之首。当时的广东提督学政署[1]主管全省文教，职能类似于现在的教育厅。提督学政署周边分布有三个学宫、五所省级书院、一所府级书院、两所县级书院以及大量的民间宗族书院，构成了一个层级书院教育网络。有的聘请大儒讲课；有的只为宗族子弟进城赶考提供一个歇脚与温习功课的地方……不过，就算书院的名堂再多，目的只有一个，那就是围着科举考试这根指挥棒转，期盼走出几个“一举成名天下知”的科场赢家。

我国早期书院选址追求山野林泉幽胜之地。书院的主讲不称“院长”，而称“山长”“洞主”。清代广州书院则出现了明显的城市化倾向：官办书院主要分布在今越秀山和中山路一带。

商人出资办书院

在清代书院大发展的潮流中，官方力量和社会力量都很活跃，特别是资财雄厚的商人群体。在商贾云集的广州西关，状元梁耀枢、榜眼谭宗浚、探花李文田的府邸与当时十三行大富

1　位于今越秀区药洲遗址。其范围为今中山五路以南，西湖路以北的大马站、小马站、流水井一带。

商隔巷而望。商人地位低下，出资兴办书院，热盼子弟中举。在广州著名书院中，越华书院是典型的商办书院。

清康熙六十年（1721年），广东设立商籍学额，专为盐商子弟入试科举。越华书院于清乾隆二十二年由盐运使范时纪和众盐商集资购宅创建，以培育“处则抱真学问，出则有真经济”的真人才为教育目标。开办之后，历任总督、巡抚及名师大儒轮番在此讲课，清代词坛“粤东三家”之一的叶衍兰也曾主讲于此，书院的名声渐渐传开，与附近的粤秀书院及肇庆的端溪书院齐名，成为广东三大省级书院之一。最初入学的30人均出自盐商之家，之后，越华书院的招收对象开放为商民兼收。其招生考试在今文明路一带的贡院里进行。从早晨6时开始，足足6个时辰，到傍晚6时考生才能离场。按照考试成绩不同，书院学生分为三等，成绩最好的为正课生，不但食宿全免，每年还有20多两银子的“膏火银”（生活补贴）——几乎相当于当时一个中等家庭一年的收入；成绩次一等的称外课生，也是食宿全免，每年有10两银子的补贴；成绩最差的相当于旁听生，既不能免费吃住，也没有生活补贴。世称“九江先生”的名儒朱次琦和“东塾先生”陈澧都曾入读越华书院。前者门人有康有为、简朝亮等，后者后受聘为学海堂学长、菊坡精舍山长，提倡朴学，造就了“东塾学派”。

鸦片战争后，越华书院大不如前。其地位渐被学海堂、菊坡精舍、应元书院取代。1903年，越华书院废止，校舍改由广州府立中学堂使用，今日越华路附近广中路的地名即由此而来。20世纪30年代，官方在这里开修马路，并命名为“越华路”。

数百宗祠书院成奇观

清朝中后期，广东各宗族纷纷在省城建造宗祠书院，作为本族子弟或合族子弟进修、考试前的落脚处。“龙藏流水井；马站清水桥”，这副对联巧妙地融入了教育路附近的几个地名：龙藏街、流水井、大马站、小马站……这几条街巷组成的约三平方公里的区域内云集了数百家以姓氏命名的书院，形成了全国罕见的书院群。

位于越秀区西湖路流水井29号的岭南金融博物馆所在地就是当年的庐江书院，又称“何家祠”。合族祠书院中最负盛名者要数陈氏书院，又称“陈家祠”（现为广东民间工艺博物馆）。广东民间工艺博物馆馆长黄海妍说：“陈氏书院虽然不能算是读书课试的宗族学校，但创办者极其重视士绅之身份，从书院悬挂的对联里可以感受到浓浓的劝谕、鼓舞族内子弟发奋读书的气氛。”

宗祠书院既是祠堂又是书院，带有更多宗族互助的朴素愿望，同时也与广州发达的商业网络、商业精神息息相关。

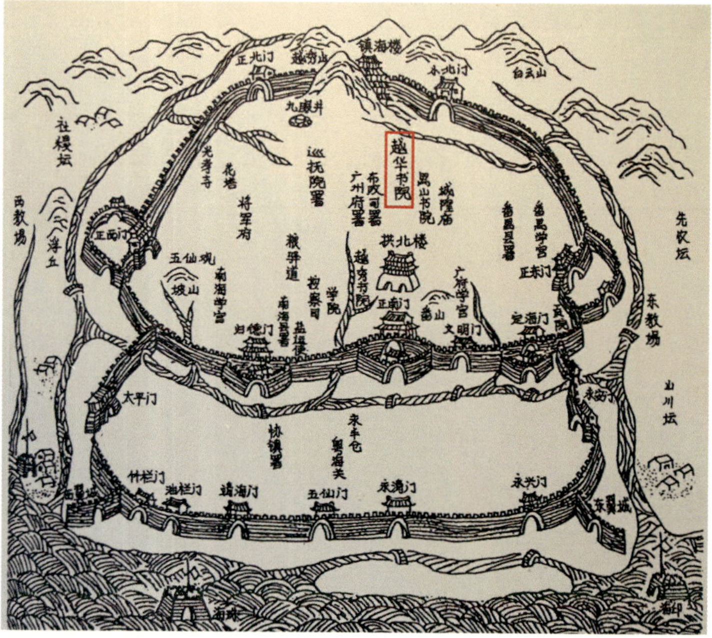

^ 清代越华书院所在位置

^ 庐江书院已变身岭南金融博物馆（王维宣摄）

近代革新，新式学堂初具雏形

广雅书院：为书院改变做铺垫

清代后期，广东书院的发展进入新阶段。阮元以他在浙江创立的诂经精舍为蓝本，在广东创建了学海堂。学海堂以教授经史古文为主，提倡实学，废除章句课试。其后，菊坡精舍、崇实书院等相继创立，都以教授经史古文为主，使清前期书院只重八股章句、不做学问的风气得到改变，广东的学术氛围和水平得到了发展提高。

后来西学渐进，万木草堂讲学，崇尚今文，兼治西学；张之洞开创广雅书院，使书院制度又进一步。

1883 年，洋务派代表人物张之洞南下广州任两广总督。赴任后，张之洞决定创办一所有别于传统书院的新型学院，培养适应岭南洋务运动需要的新型人才。

张之洞提出，院址应“山水幽胜，去省亦不甚远，在不喧不寂之间”。1888 年，他在“省城西北五里源头乡”（现广雅中学所在地）创办广雅书院。“广雅”两字，按照首任山长梁鼎芬的解释为“广者大也，雅者正也”，强调要培养“知识广博，品行雅正”的人才。

广雅书院的课程内容也有别于传统书院。课程分为经学、史学、理学、文学 4 门，学生可根据自己的兴趣爱好自由选择课程。广雅书院向学生讲授化学、光学、西医、铁路、经济等内容。戊戌变法后，广雅书院增设西学课程，且在教学内容中，西学比例不小。广雅书院冠冕楼的图书涵盖中西，为全省藏书最多之所。

广雅书院制定的《广雅书院学规》共27条，要求学生“先行后文”“学求致用”“各立课程日记”“有得即记”等，是广东最早且比较完备的学规。从其学规可见，广雅书院的管理与当时新式的西洋学堂已有接轨，初具近代化学堂雏形，为后来书院改为学堂做了铺垫。

^ 广雅中学内古色古香的冠冕楼，是广雅书院遗迹（骆昌威摄）

万木草堂提出德智体全面发展

清光绪十七年（1891 年），康有为租用位于今广州市越秀区长兴里 3 号的邱氏书室创办长兴学舍。后因以树喻人，希望培养大量维新人才，学舍更名为“万木草堂”，被视为戊戌变法的策源地。

康有为将办学当成革新的一种形式，自立规程和教学内容。在招生上，万木草堂不采用入学考试，而是由康有为逐一面试，对求学者的志气、品格、学问等进行甄别，判断其有志于维新事业后，方收入门下。

30 多岁的康有为总是挺直脊背坐在讲堂上铿锵讲学，讲学时没有课本，不写讲义，讲台上除了茶壶、茶杯，别无他物。他亲自编写《长兴学记》作为校规，分学纲、学科、科外学科三方面，这是在中国近代教育史上第一次明确提出学生德、智、体全面发展的教育思想。康有为引导学生学习近代自然科学知识和思想方法，并对我国古代学术思想尝试作出新的评述，逐渐形成万木草堂特有的优良学风，即关心时事、独立思考和互相启发。在体育方面，康有为也有所创新。他把体育与习礼结合起来，还举行兵操和射击练习。万木草堂的教学管理模式名为“学长制”，由康有为挑选学生担任学长，组织学习及管理日常事务，可谓学生自治的雏形。

可以说，万木草堂具有承上启下、继往开来作用的教育机构形态。从这里走出去的梁启超、韩文举、徐勤、麦孟华、龙泽厚、叶觉迈等，后来都成长为维新运动的良将。“这一新学派的崛起，对中国学术文化产生推动力，其流风遗韵整整影响了一代人的思想和文风。”有研究者这样感叹。

∧ 万木草堂内景（王维宣摄）

今日余香，岭南文脉代代传

第一章·第四节

书院变身校园育新蕾

1901 年，清政府下令全国停办书院，改书院为学堂。1905 年，科举制度被废除，各级书院逐渐被新式学堂取代。不过，墨香缭绕的书院痕迹并未在时代的风雨中被冲刷殆尽。今天的广州仍有书院余香，袅袅不散。

1903 年，广雅书院改为两广高等学堂，辛亥革命后改为广东省立第一中学。1928—1929 年，梁漱溟担任校长，他将广雅精神提炼为“务本求实”四字。1935 年，学校更名为广东省立广雅中学。今天的广雅中学是全省中学中唯一的省级文物保护单位。杨匏安、李耀先、谭天度等曾就读于广雅中学，广雅中学也被称为“中国近现代教育史活的见证”，更被誉为“制造民族革命战士的大工厂”。

如今，广雅中学依然倡导“广者大也，雅者正也”的教书育人理念。校园里保存着张之洞书《许君说文解字序》、吴大澂书《郑君六艺论》、李文田书《朱子白鹿洞书院学规》、汪鸣銮书《程子四箴》《广雅书院学规》等清代碑刻。

1947 年，广州市第二中学复办时迁入学海堂书院、菊坡精舍与应元书院旧址办学。应元书院的位置就在今广州市第二中学校园，该校正门的登山梯级正是当年应元书院从大门至乐育堂梯级的遗制。

昔日的豫章书院是广东各县罗姓族人到广州参加科举考试的邸舍。豫章书院的建筑在新中国成立后成为真光中学校舍的一部分，也曾用作教师宿舍。2002 年，豫章书院建筑经过修葺后，变身学校的图书馆。负责老师涂瑞霞说，书院变身“最美图书馆”，延续着昔日的文教功能，也培育出新的花蕾。

除了豫章书院，位于解放中路东侧的师好巷周边有众多祠堂书院，道南书院、三槐书院、文昌祠书院……如今，这里依旧校园环绕，书香浓浓。

书院里的博物馆

位于西湖路流水井 29 号的庐江书院如今是金融文化新阵地——华南地区首家综合性金融博物馆。穿行在展厅中，连通各处的廊庑延伸出富于变化的行进线，时时可见阳光从天井洒下。置身其中，与外面的喧嚣仿若两个天地。

陈氏书院至今保留完好，并被辟为广东民间工艺博物馆，还被列为全国重点文物保护单位。它是人们欣赏广东民间手工艺品的最佳去处，广东民间工艺全谱系的佳作都可以在这里见到。

万木草堂作为清末维新运动的思想发源地之一，在建构起独特的学术氛围、文化生态的同时也丰富了城市记忆，为广州留下了独一无二的文化遗产。2019 年 10 月，万木草堂被列为第八批全国重点文物保护单位。今天，万木草堂已经成为 AAAA 级旅游景区——北京路文化旅游区旅游线路的第一站，与广州城隍庙、南越国宫署遗址、老字号一条街、北京路千年古道、拱北楼遗址、大佛寺、药洲遗址、庐江书院等景点整合、串联成“S”形的北京路文化旅游区精品旅游路线。

书院余香留广州

穿过流水井牌坊，走进广州书院文化街，会看到几座古色古香的书院牌坊。流水井，大马站、小马站一带现存书院7间，包括流水井两侧的庐江书院、考亭书院、冠英家塾，小马站的濂溪书院、见大书院、曾家祠，起义路的青云书院。麻石街道、错落典雅的老屋与门匾上印刻的“书院”字迹为古朴的街巷增添了几分书香。考亭书院现存建筑仅余奎楼，大门建在奎楼下，门上石扁刻有“考亭书院”四字，与现存于建阳的宋理宗所书“考亭书院”石坊（明代嘉靖年间建）字迹相同。门檐后是奎楼，三楼有耳窗，窗上小石碑刻有“奎阁”二字，取意中魁入（内）阁。

绿意盎然的越秀山上又挂起了“粤秀书院”的门牌。黄瓦飞檐下是清雅的小院与莲池。院长瞿汇泉与几位合作者于2013年7月复建粤秀书院，这也是广东省民政厅批复成立的首家书院。书院先后举办了1000多场优秀传统文化公益讲座。“这是一个有着300多年历史的文化品牌，在今天的社会环境中发挥它的文化精神，传承文脉，弘扬文风，当是我们的责任。”瞿汇泉说。

2016 年，考古工作者根据文献记载，在增城南香山东南麓的半山腰挖掘出湛若水在家乡所建的莲花书院（即文献记载的莲洞书院）遗址，被认为是岭南地区保存最完好的书院遗址。

书院作为一种活态的文化遗存，日益融入现代生活。书院往事已远，但文教之风依然吹拂羊城，在越秀山麓、在博物馆、在校园、在图书馆，岭南文脉传承不绝。

^ 考亭书院内景（王维宣摄）

^ 粤秀书院内景（王维宣摄）

第二章 名校书香氤氲千年

文—张忠安

三大名校聚广州，书香氤氲近千载。

广州名校自古有之，广府学宫、南海学宫和番禺学宫三大名校始于宋代。当时广州城由南海县和番禺县分管，从而形成了集一州学和南海、番禺两县学于一城的文化奇观。宋代至明清，广州文化大家、朝廷功臣、商贾名流等多出自这三大官办名校。

历史潮流浩浩汤汤，学宫服务于科举考试引领学生学习儒家经典学说重塑学生世界观的使命随着科举制废除而结束，但其尊圣贤、敬师长的人伦价值，以及严谨治学的人才培养理念又在学校、纪念馆、文化馆等继续绽放光芒。

一城三学宫

第二章·第一节

广府学宫："岭南第一儒林"

每年七月中旬，广州的中考考生会陆续收到高中录取通知书，广东广雅中学、广东实验中学、执信中学、广州市培正中学……广州诸多百年名校备受关注。但极少有人知道，古代广州城内也有三大名校——广府学宫、南海学宫和番禺学宫。它们相当于现在的公立学校，担负着传承儒家文化、履行礼乐教化的职能。

广府学宫是当时广州最高级别的官办学宫，始建于北宋庆历年间，位于今光塔路一带。几经迁徙后，于南宋绍兴三年（1133 年）定址今文德路一带。当时，这一带前有玉带濠，后有禺山坡，左有文溪，右有仙湖，文人墨客聚集，坐落其间的广府学宫故而被誉为"岭南第一儒林"。李昴英则用"文风彪然日以张"来形容广府学宫。

现存于广州博物馆的明代广府学宫图碑刻显示，明代广府学宫建筑物均坐北朝南，以广州城的文明门与番山连成的直线为中轴线，主体建筑沿中轴线对称排列。在清代鼎盛时期，广府学宫范围包括今中山路、文德路、文明路至府学西街之间的大片区域，今天的广州市工人文化宫、广州市第十三中学高中部、文德路小学和孙中山文献馆等都在这一范围内。

南海学宫是当时南海县的官办学校，最初附于广府学宫的东庑。南宋嘉定二年（1209 年）在县衙附近兴建，元代迁往城西今解放中路学宫街。根据地方志记载，历经多年的修葺和扩建，南海学宫范围最广时，东至今解放中路，西至今米市路，南至今玉华坊，北至今普宁里。明代岭南才子伦文叙、清代世界首富伍秉鉴等都是南海学宫的校友。

可惜的是，广府学宫和南海学宫的建筑现已湮没；番禺学宫后来作为毛泽东同志主办农民运动讲习所（简称“广州农讲所”），现大部分主体建筑保存完好，与德庆学宫、揭阳学宫一道并称“广东三大学宫”。

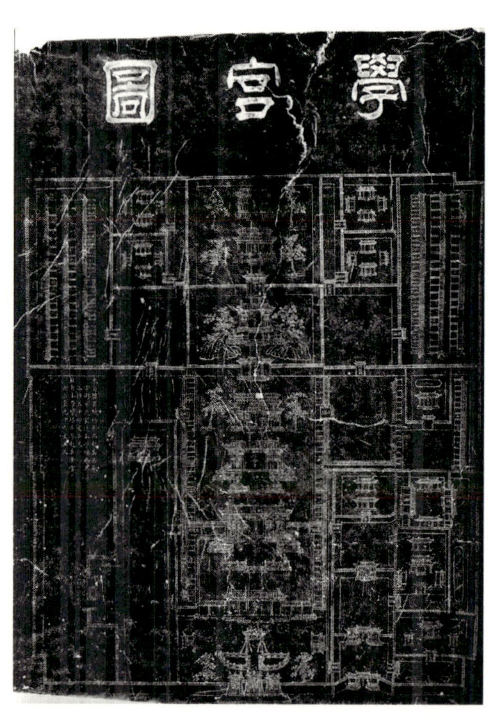

^ 明代广府学宫平面图（广州博物馆供图）

番禺学宫就在今广州农讲所旧址

位于中山四路的广州农讲所旧址，原是古代番禺学宫的所在地，这里也是人们今天能实地体验和感受古时广州学宫文化的场所。

番禺学宫是明代番禺县最高官办学府。据地方志记载，番禺学宫原本也附于广府学宫。几易其址后，于明洪武三年（1370 年），由番禺县知县吴忠在现址建造，临近当时的番禺县衙。学宫建筑整体坐北朝南，黄瓦朱墙围成重重院落，既严谨规整，又疏朗自然，至今仍能感受到弥漫其间的 600 多年的古老学宫气息。

学宫大门由三门六柱冲天式牌坊构成，称“棂星门”，采用花岗岩石砌筑，六根方形柱下都有基座，柱头各坐一石狮。据介绍，棂星门前本来还有照壁，但当年修建马路时被拆除。棂星门是学宫的标配，也称“灵星门”。古代尊称主管农事的神灵后稷为“灵星”，祭天必先祭灵星，并设灵星门。北宋时期，灵星门移用于孔庙，以“棂星”为正门取名，有“人才辈出”之意，寓意以尊天的规格尊孔。

跨进棂星门，眼前有一半圆形水池，叫“泮池”，一拱桥跨池而过。池中睡莲开出小朵的花，鱼儿在池中流连嬉戏，它们不知道有多少学子会因见到泮池而心生崇敬之意。据史料记载，“泮池”一名源自西周时诸侯设立的大学“泮宫”，意为“半于天子之宫”。后人称泮池为孔子的洗墨池，建学宫必设泮池。

新生入学时，都必须绕泮池走一圈，叫“入泮”。拱桥叫“状元桥”，古时只有功成名就者才能从桥上过。

状元桥后约 30 米，是典雅庄重的大成门。硬山顶，四角微翘，檐下“番禺学宫”四个大字格外显眼。大成门与旁边耳房连接处有便门，上方镌刻的“万代名贤从此出；千秋哲士转回来”表明古时学宫就是培养人才和祭祀先贤圣哲之地。

穿过宏伟的大成门，在幽静的小院落后，才是学宫里规模最大、建筑等级最高、装饰最华美的建筑——大成殿。大成殿因孔子“集古圣先贤之大成”而得名，且仅正面开门，其他三面无门窗。当时，孔子、颜回、孟子等圣贤像供奉于此殿，入学新生必须到大成殿祭祀。不过，现在的大成殿内已被辟为一个展室。绕过大成殿向后走，则是崇圣殿，原是供奉孔子先世五祖的地方。

番禺学宫集孔庙与学堂于一体，走到崇圣殿，孔庙部分基本就走完了，接下来才是正式“拜师求学”的地方，可见当时孔子的地位。上课地点在大成殿一侧的明伦堂，“明伦”两字出自《孟子》，为“向学生阐明和教导人伦道德”之意。明伦堂堂小而院深，当年的学子是如何在此上课听讲的？让人不禁心生遐想。

广州学宫建筑规制到明代就已经完备，建筑布局均仿曲阜孔庙，中贯轴线，左右对称。学宫集学校、宣讲、祭典于一体，规格高、规模大，往往为一方文化教育的“圣域”。

^ 番禺学宫位于今广州农讲所旧址（广州农讲所旧址纪念馆供图）

学宫严进严出

第二章·第二节

入学礼极为讲究

古时新生入学要举行入学礼。入学礼与成人礼、婚礼和葬礼一起并称为人生“四大礼”。因此，入学礼当天，学政都要亲自来参加。为避农忙，古时入学礼往往在“八月暑退”时进行。学宫入学礼极为讲究，对十几岁的孩子来说，应该是兴奋又难忘的。

广州清末探花商衍鎏在回忆录中曾写到当年入学仪式的情景，能够让后人一窥当时的学宫入学礼。根据商衍鎏回忆，清光绪十六年（1890 年），17 岁的他以优异的成绩考中秀才。入学宫当天，商衍鎏穿着蓝袍、缎靴，戴着红缨帽，簪花披红，十分威风。他坐着大轿来到学政衙门，同其他秀才一起拜见学政，然后来到学宫。在棂星门旁看到写有“文武官员至此下马”的石碑时，大家下轿步行入内，这既是对孔夫子的尊敬，也彰显学宫的威严。过了棂星门，在学政的带领下，众秀才环绕泮池一圈，穿过大成门，来到大成殿，祭拜孔子、颜回、孟子等圣贤。最后，一群即将入学的秀才在明伦堂序立，向在此等候的老师行师生之礼。拜见完老师，入学礼基本结束，新生可以回家拜见尊长。有些秀才还要向从前教过自己的老师行谢礼。

据清同治年间的《番禺县志》记载，每年的二月和八月上旬的丁日，番禺学宫都要举行祭孔仪式。祭祀当日，有专门的乐队奏乐。

深研苦学仁义礼智信

秀才进学宫，并不能笃定能获取功名，后面的路还很长。据专家考证，秀才要学祭拜礼仪、读儒家经书、练骑马射箭，还要在社会上兼职礼乐教化。如无故缺课，就会被开除秀才资格。因此，在学宫若不学无术，是很难毕业的。

既然是学宫，文化课自然是少不了的。学子主要学习四书五经，学习“修身齐家治国平天下”之道，注重仁义礼智信，为未来仕途打下儒家思想根基。据专家介绍，古时，秀才在学宫上课，主要课程有御纂经解、性理之学、《诗经》、古文诗及十二经、二十四史、三通等。其中，御纂经解是皇帝诏命编纂的经书解读，性理之学则主要是程朱理学。这些内容都是儒家经典，反映了儒家的哲学、政治、伦理与教育等思想文化。课堂上除了讲解经典，还会教授策论等，为学生参加乡试做准备。

你以为秀才只是文弱书生？其实不然，古时不仅有文秀才，还有武秀才。而且，即使是普通的学宫也会设专门场地（称“射圃”），让文秀才学习骑马、射箭。不过，碍于场地限制，多数学宫只教授学生射箭，以延续古时“六艺”——礼、乐、射、御、书、数之“射”。“射”仅次于礼、乐，对于人才培养来说，意义非同小可。而且骑马、射箭又与武举息息相关。因此，在宋代，学宫纷纷在校园周围设射圃，圃中树立射靶。但到明代，学宫骑马、射箭的课程逐步被淡化，特别是到了明代中后期，许多学宫的射圃都被废弃或另作他用。

月月考试、季季考试，大考小考不断，这就是古代学宫生员的学习生活。小考有月考和季考，考的是四书和策论。月考或季考后第二天，学生要聚于明伦堂，听老师讲诵政府颁布的卧碑及训饬士子文，谓之月课。卧碑就相当于政府制定的学校禁例、学生守则等，每位学生必须牢记。

《明史》记载，“（洪武）十五年，颁学规于国子监，又颁禁例十二条于天下，镌立卧碑，置明伦堂之左。其不遵者，以违制论”。明清时期，将约束条款刻在碑石上，立在明伦堂的左边。清代长篇小说《儿女英雄传》就有台词说“国家明经取士是何等大典！……怎的这等不循礼法？不守‘卧碑’？”晚清《官场现形记》也描述说，做秀才的人，亟应谨守卧碑，安分守己。可见，这类月课对学生来讲很重要，根据当时规定，除生病、外游、守孝等特殊原因外，秀才三次不上月课，就要给予警告处分，终年无故不上的就会被开除秀才资格。

大考就是岁考和科考，属于能力考试，类似现在的各种级别考试。这两门考试都由皇上钦派的学政主持。考试内容为四书五经、默写《圣谕广训》等。

清代有句话叫“翰林怕大考，秀才怕岁考”。岁考之时，各省生员进行考试，根据成绩决定是降级还是升级。根据《明史》记载，学宫的岁考分为六个等级，前三等排序不升不降，第一等的秀才叫廪生，可享受政府津贴，当年广州的廪生每年可以领取赏银四两；二、三等不发放津贴。第四等要被责罚，第五等要降级，比如原本是廪生的，如果考差了，就降为增生。而科考是为选送生员参加乡试而进行的资格考试，成绩大致分三等，一、二等及三等排位靠前的才可以参加乡试。

通过三年学习，生员毕业时，其学识，甚至人生观、世界观，都会较入学宫前有很大改变。

录取率不到 1%

明清时期，考取学宫的人叫秀才；秀才要考举人，就要先入读学宫，如果秀才没有入读学宫（除国子监），就不能参加乡试，即所谓“科举必由学校”。正如清人叶梦珠说：“考取入泮，后学始复有进身之阶矣。”

但要拿到入读学宫的通知书，一路坎坷。清代条件虽然有所放宽，但依然不易。大名鼎鼎的康有为算是家世显赫，父亲做过知县，自己 11 岁时便熟读四书五经，熟知朝政时事。但即便如此，他连考 3 次才考中秀才。洪秀全当年为了考秀才，更是三战三败，还大病了一场。

读书人要想进学宫，仅报名就要大费周章。不仅要求五官端正，“人才俊秀、容貌整齐”，还有“已读《论》《孟》四书者”等条件。明清时期，为防止“枪手”代考，报名时除了填写姓名、年龄、籍贯和祖宗三代履历外，还要填写最明显的体貌特征，如瓜子脸、柳叶眉、胡子、额头有黑痣等。为保身份清白，还要有一位廪生（秀才中的一等生）作保，有的还需要 5 位报名者互保。

报完名，还要闯过县试、府试和院试这“三道关”。由于名额有限，最终能考取秀才、进入学宫读书的也只是少数人。清代学者汪兆镛回忆说，清光绪六年（1880年），番禺县“学额三十六名，应试者四千余人之多”。36个名额，4000多人报考，录取率不到1%。

闯过这三道关的幸运儿，既能拿到入读学宫的资格，又获得了秀才身份，终于迈出了人生科举功名的第一步。

岭南才子令乾隆惊叹

清代各地府、州、县学生员的出路主要是参加科举考试，考取举人或进士，从而走上仕途。当然，还有一种途径，就是通过贡举成为贡生，入读国子监，毕业再酌情授官，这叫“出贡”。不过能出贡的生员仅为少数。据《越秀史稿》统计，明清番禺学宫生员中举人的有1400多人，被授予县官、学宫教官等职（含进士入仕者）的有900多人。

番禺学宫生员陈子壮被称为“明末岭南三忠”之一；黎遂球后成岭南诗人，重建南园诗社，重振南国诗风；陈澧更是集晚清学术之大成，与康有为的老师朱次琦一道并称“岭南两大儒”。

清乾隆四年（1739年）的那场科举考试改变了328人的命运，最耀眼的当数从番禺学宫走出来的状元庄有恭。根据《番禺县志》等史料记载，当年殿试阅卷时，读卷官对庄有恭的试卷很是赞赏，推为第一，进呈乾隆帝。乾隆命大学士当庭拆开第一名的试卷检视，发现是广东人庄有恭。乾隆非常惊喜：“广东僻远之省，竟出状元耶?”吏部尚书甘汝来回答：“前朝曾有数人，本朝从未曾有。”乾隆说：“九卿京堂内并无广东人，今得状元，颇为可喜。”于是，乾隆钦点庄有恭为状元，授翰林院修撰，充国史馆修撰官，后又曾任江苏巡抚、两江总督等封疆大吏10余年，成为清代广州城一府两县广州人中职务最高的朝廷官员。

^ 番禺学宫内的明伦堂（骆昌威摄）

^ 番禺学宫内景（广州农讲所旧址纪念馆供图）

开笔礼古韵飘香

历经沧桑焕生机，文脉传承永赓续

清末，科举废、新学起，学宫或变身新式学堂，或变身文化重地，培养新式人才，延续文化灵魂。

1902 年，吴道镕等人以广府学宫的孝悌祠及翰园旧址为校舍，创立教忠学堂，即今广州市第十三中学前身。科举废除后，1906 年，番禺中学堂在番禺学宫创立，经先后改名八桂中学、广州第十五中学等后，纳入今广东华侨中学。

20 世纪 20 年代后，广州的学宫变化较大。1926 年，毛泽东在番禺学宫主办第六届农民运动讲习所，从而使学宫成为培养农民运动干部的革命学校。当届学员共有 327 人。

番禺学宫大部分主体建筑基本保留至今。为了让人们感受历史，新中国成立后，政府对番禺学宫进行大规模维修，并开辟为广州农讲所旧址纪念馆，成为新中国成立后广州市最早建立的革命纪念馆，1961 年被国务院列为第一批全国重点文物保护单位，成为岭南文化重地，延续着岭南文脉。

1933 年，广州在广府学宫原址建造了市立中山图书馆，即今孙中山文献馆。新中国成立后，广府学宫原址建起了广州市工人文化宫、文德路小学、广州第十三中学高中部等文化育人之所。

开笔礼体验古人读书生活

如今，广州农讲所旧址已成为全国中小学生研学实践教育基地，常年举办各种展览和文化活动，特别是开学季，都有一群群学生在学宫进行开笔礼。这样的画面很厚重、很和谐、很美丽。

开笔礼是什么？古人对教育十分重视，家长虽不用抱着银子抢“学区房”，但都会为孩子择定入学日期。入学当天，家长带领孩子来到私塾，先要向孔子牌位或画像行拜礼，算是“入孔子门”，不然求学就“不正规”；再拜私塾先生，这才算是正式入门求学了。开笔礼体现了重视教育和尊师重礼的精神。

从 2004 年开始，番禺学宫几乎每年都举行开笔礼，就是为了让孩子们在古韵飘香的仪式中领略尊师重教、知礼向善的传统文化。这种启蒙教育形式越来越受到大众欢迎。

2015 年 8 月，年仅 3 岁的香港孔姓小朋友在父母及两个哥哥的陪同下，专程来到广州农讲所旧址行开笔礼。他由老师领着游泮池，随后来到明伦堂，老师为其点红痣，讲解习礼尚贤、尊师孝亲之道。在此之前，他的两个哥哥已分别于 2006 年和 2011 年在番禺学宫行过开笔礼。孔氏三兄弟从小就受到优秀传统文化的熏陶，爷爷将三兄弟出生后第一次剃头时留下的胎毛制成毛笔，笔上刻诗，寄托长辈对晚辈的殷切希望。按孔家的传统，孩子必须在 3 岁开笔，参加开笔礼时，将毛笔交给启蒙老师开笔。也许孩子们在开笔仪式上似懂非懂，但做人做事的道理会渐渐内化于心，这是对优秀传统文化最好的传承，也是说教无法代替的。

近年来，开笔礼越来越受到家长和学校的重视。如今广雅中学、东川路小学、桂花岗小学等学校新生入学时都会举行开笔礼。

∧ 整装习礼（广州农讲所旧址纪念馆供图）

^ 名师点智破蒙（广州农讲所旧址纪念馆供图）

^ 礼成颁证（广州农讲所旧址纪念馆供图）

① 学宫聚才：参加开笔礼的孩子们从各地来广州番禺学宫。

② 游泮入学：孩子们在老师的带领下游泮池、过青云桥，体验古代读书人的感觉。

③ 整装习礼：整理好衣着，以最好的精神面貌接受启蒙老师的明礼教育，再向孔子像行鞠躬礼。

④ 点智破蒙：开笔老师在孩子的额头中间轻点朱砂痣，意味着开启学童智慧，使其学习时能一点就通。

⑤ 孝亲敬师：孩子们向启蒙老师和父母行礼，并奉茶表心意。

⑥ 敲钟寄语：“礼乐皆得，谓之有德。”孩子敲响编钟，在清亮悠扬的钟声中沐浴人文智慧。

⑦ 击鼓明志：手握乾坤步步高，击鼓越响，寄寓志向越远大。

⑧ 名师开笔：德高望重的老先生手把手教写横、竖、撇、捺，让童心沐浴文化馨香。

⑨ 礼成颁证：接过老师颁发的开笔证书，听着老师的谆谆教诲，笑容绽放在每个孩子的脸上。

⑩ 放飞梦想：孩子将愿望写在许愿条上，寓意将以积极健康的心态展翅高飞。

第三章 从藏书楼到图书馆

文一倪明

宋始建藏书楼集纳学识，今上千图书馆全城共读。

在历史的长河中，一座座古老而沧桑的藏书楼，延续着广州灿烂悠久的历史和文化，也为后人照亮了探寻根与源的路途。115年前，广州第一个公立公共图书馆在广雅书局藏书楼旧址开馆，“天下好书，当与天下人共之”，从此少数人才能享用的旧式藏书楼，向普罗大众打开了大门。走进图书馆，就走进了这座城市的灵魂深处，触摸到了最古老的城市文化记忆。

斯楼不朽是藏书

第三章 · 第一节

广州最早藏书楼始于南宋

广州的文德路尽管不如北京路名声响亮，却如文质彬彬的儒生，在史海里矢志不渝地坚守油墨书香，广州最早的藏书楼和公立图书馆皆诞生于此。

走进文德路 81 号的广东省立中山图书馆少儿部，但见古树参天，林木荫蔽，全无大都市的喧嚣。馆内番山亭前一副对联“崇广府千年道统；接学宫一脉书香”，道出了此地厚重的历史文化积淀：北宋绍圣年间，此地建起了广府学宫，经多次扩建，成为“岭南第一儒林”。宋代，借印刷术之力，人们已可以大批量印刷图书典籍。当时的学宫、书院若能得到皇帝颁赐的标准印本，是莫大的荣耀，都会建御书阁（楼）予以珍藏，并供士子们借阅。据明大儒黄佐负责编撰的《广东通志》记载，广府学宫御书阁建于南宋乾道三年（1167 年），是有文字记载的广州最早的藏书楼。

“广东藏书楼的兴起和发展是从明初开始的。”中山图书馆原副馆长、广东地方文献中心原主任倪俊明介绍，明代，广东经济长足发展，文化也随之兴盛。明洪武八年（1375 年），朝廷诏令各地设立社学，其后广东的书院蓬勃兴起，这为藏书提供了基础。明代广东藏书家多为学者，邱濬的石室、黄佐的宝书楼、梁储的奎翰楼、梁朝钟的吼阁，都是明代广州赫赫有名的藏书楼。其中，黄佐被认为是继丘濬、陈献章之后岭南儒学的又一位集大成者，不少士子慕名而来，听其讲学，其家中宝书楼收藏书籍的数量为岭南之冠。黄佐门下的欧大任、梁有誉、黎民表、吴旦、李时行五位岭南诗人，重开南园诗社，人称“南园后五子”。后来，人们在南园诗社遗墟上（今文德路 62 号）建抗风轩，祀“南园五子”和“南园后五子”。这些藏书楼都遵循一个原则：以藏为主，不对公众开放。当时大名鼎鼎的江南“天一阁”规定“代不分书，书不出阁”，子孙不得无故开门入阁，更不得私领亲友入阁。数百年间，有幸看过天一阁藏书的，不过黄宗羲等寥寥十余位大学者。

清代广州开分享藏书风气之先

从清代中叶开始，广东对文献图籍的收藏迅速崛起，全国瞩目。到了清末民初，重要的藏书楼就有数十座，藏家数百人，以收藏精、规模大而闻名，其中最著名的有潘仕成的海山仙馆、孔广陶的岳雪楼（三十三万卷楼）、伍崇曜的粤雅堂、康有为的万木草堂，并称“四大藏书楼”。

19 世纪上半叶，广州最受读书人向往的地方应该就是太平沙到白鹅潭的那段江堤。太平沙矗立着那座密藏了 33 万卷珍贵典籍的岳雪楼。

岳雪楼抄录的《四库全书》，选抄的是外间并无传世的“四库未传本”和“永乐大典本”；它收藏的珍贵书画，集纳了吴道子的《天王送子图》、唐拓《云麾将军李元秀碑》、宋拓汉《礼器碑》、宋拓唐《九成宫醴泉铭》等稀有真迹。而其最知名的藏书，则是清初皇宫内府刻印的《钦定古今图书集成》，据学者吴丹青的研究，这套书有一万卷之多，是岳雪楼的主人、大盐商孔广陶花费巨资，从皇宫大内悄悄运出来的。

从太平沙往西，沿着江边走到白鹅潭，便到了有“美酒千壶书万卷”之称的粤雅堂，主人是清代世界首富伍秉鉴的儿子伍崇曜，他抢救了无数珍本善本。

伍崇曜与学者谭莹携手耗时近30年校订刊刻的《粤雅堂丛书》有千余卷，包罗了唐、宋、元、明、清上百种文献。据多名学者研究，《粤雅堂丛书》是清末最有影响力的堂皇巨著之一，而其得以问世的背后，是一个商人和一个学者要将广东重要著述“悉数纳入”并传之后世的殷切心情。

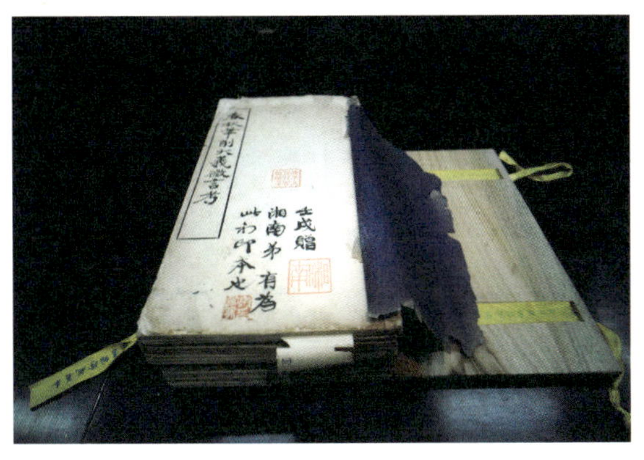

∧ 1917年万木草堂丛书刻本康有为《春秋笔削大义微言考》十卷。此本为康有为赠叶湘南者，题“壬戌赠湘南弟有为此初印本也”，钤“康有为印”“湘南”（王维宣摄）

《海山仙馆丛书》：将西方著作纳入诸子文集

荔枝湾畔曾有“岭南第一名园”海山仙馆，西关富商潘仕成在此刊印的《海山仙馆丛书》包含了大量当时的科技新学著作，独领全国风气之先。《海山仙馆丛书》仍按传统经、史、子、集来分类，最大的亮点在子部。潘仕成眼里的“诸子”，除了中国历代先贤之外，还包括了古希腊和欧洲文艺复兴后的学术巨匠。欧几里得的《几何原本》，意大利传教士利玛窦和李之藻合译的《同文指算》《圜容较义》，英国医生合信所著、开广州西医治疗之先的《全体新论》，德国传教士汤若望介绍火器制造的巨著《火攻挈要》等，全都纳入了丛书的子部。

据学者统计，《海山仙馆丛书》近500卷，其中新学书籍就占了近1/4，在当时，这在全国都是绝无仅有的。

学生自主管理万木草堂数万卷藏书

万木草堂的藏书，一大部分是康有为从南海故宅搬来的。此外，康有为还不惜花费重金，大量购买西学书籍。

据学人统计，江南制造局翻译馆所翻译的西学书籍，30年间才售出约1.2万本，其中康有为一人就买了3000本。有别于其他三家私家藏书楼，万木草堂图书的借阅者是学生，管理者也是学生，因而已具有公共图书馆的色彩。

如今，四大藏书楼中还能找到旧址的，也只有万木草堂了。清咸丰六年（1856 年），粤雅堂在十三行大火中被付之一炬。孔家中落后，岳雪楼的藏书渐渐散落，建筑也逐渐破败，最后被推倒了事。潘仕成晚年被抄家，海山仙馆藏书也就随之散落。海山仙馆摹刻的历代书法丛帖刻石现嵌于广州博物馆仲元楼（原广州美术馆）碑廊。戊戌变法后，万木草堂藏书部分被焚、部分流散，剩下的部分后来才陆续回到康有为手中。

这一时期前后，广州著名的藏书楼还有方功惠的碧琳琅馆、李文田的泰华楼等。这些嗜书如命、为收藏图书耗费巨资而在所不惜的藏书家，所藏之书在规模、数量、质量上都达到了当时全国的一流水平。

^ 旧时广府学宫有翰墨池，今勒石以记（骆昌威摄）

^ 番山亭（路昌威摄）

公共图书馆发轫

第三章·第二节

梁鼎芬创建广州首个私人图书馆

近代以来，广州是中西方文化交流的门户，在多元文化的交融下，服务大众的公共图书馆逐渐发轫兴起。

在中山四路和豪贤路之间，有一条不到400米长的狭窄小巷，名为“榨粉街”。几乎无人知晓，这里曾有一座令许多文人心向往之的藏书楼——葵霜阁（现榨粉街93号），曾为“末代皇帝”老师的梁鼎芬将它变成广州首个对外开放的私人图书馆。梁鼎芬是个书痴，他的私人藏书有10余万卷。他主张“办馆为公”和“捐书公藏”，一生随藏随捐，堪称岭南捐书第一人。他还提出，“今之书藏乃一府公物，非一人之私有；不借不如不藏，不读不如不借”。1910年，梁鼎芬离京回粤。榨粉街是其世居之地。他将祖传的葵霜阁藏书楼改名为“梁祠图书馆”，亲定《梁祠图书馆章程》，劝人多抄书、多借书，并且销售相当于借书证性质的“券”——每券价值四枚铜币。

倪俊明认为，书要公开才有价值，但当时连皇家藏书楼都只有少数人才能借阅，私人藏家更是怀着立功立名的心态去藏书，遍访珍本然后秘加收藏，别说外人，就连亲戚都难得一见。然而，晚清以来，一方面，广东藏书家受西学东渐的影响比较大，藏书开放的理念一旦萌芽，发展较为迅猛。他们认为学术乃天下之公器，不吝于向社会开放自家藏书，还刻印传播，让书籍起到应有的知识传播的作用。另一方面，他们与江南、中原等地的藏书家、学者交往更为频繁，不再偏居一隅，在全国的影响力也更大。

1919 年，梁鼎芬去世，梁氏后人遂将 2 万多册藏书全部捐给广东省立图书馆（今广东省立中山图书馆，后称“中山图书馆”）。人们将梁启超和梁鼎芬称为我国近代开捐书之风的无私藏书家。“二梁”之后，广东藏书家将自己的收藏捐献给公共图书馆的还有不少，如徐甘棠将其 2 万余卷藏书捐赠给岭南大学图书馆，其中有不少珍本、孤本；黄荫普将其藏书全部捐献给中山图书馆；等等。

改造藏书楼对公众开放

时代车轮滚滚向前，那些曾辉煌一时的藏书楼难免毁于兵火、查抄或者家道中落，但开办图书馆的理想仍顽强地开出美丽的花。

清光绪十三年（1887 年），两广总督张之洞在广州西村广雅书院设立“冠冕楼”，藏书共计 2672 部 43555 册。在此基础上，清宣统二年（1910 年），他又在蜚声四海的南园诗社旧地——抗风轩建广雅书局藏书楼。这一年，广东提学使沈曾桐命学务公所图书科科长冯愿以广雅书局为基础筹办广东图书馆。半年后，广雅书局广东图书馆（1917 年更名为“广东省立图书馆”，简称“广东图书馆”）在文明门外聚贤坊（今文德路 62 号）宣告开馆，开始了从旧式藏书楼向新式图书馆、现代图书馆迈进的征程。

广东图书馆建馆之初，馆藏包括广雅书局和广雅书院冠冕楼藏书，并收购了岳雪楼抄本300余种等。1922年，中国近现代图书馆事业奠基人之一、时任馆长杜定友采用十进分类法对原有藏书重新分类编目，同时大量购买新书，公开阅览，广东图书馆逐步成为真正意义上的新式图书馆。然而，杜定友的现代管理方式遭到了图书馆内前清遗老的反对。1923年3月，杜定友被免职。

百年“中图”串起近代岭南文脉

在广东图书馆几经周折、艰难发展的同时，与广东图书馆密切关联、不可分割的广州市立中山图书馆开始走上历史舞台。1927年，为纪念孙中山先生及宣传岭南文化，广州市政府决定向海外华侨募捐，兴建一座“异乎前人，效法欧美的宏伟的图书馆”——广州市立中山图书馆，筹集募捐款折合毫银近30万元。图书馆选址在文德路广府学宫内。1933年，历时整整三载，由广东建筑师林克明设计的广州市立中山图书馆建成开放。数月后，广东图书馆并入广州市立中山图书馆。“民国时期，‘省馆’（即广东图书馆）开办广雅书局印行所，刊印图书典籍，延续文脉；创办广东省图书馆管理员养成所，培养新式图书馆人才；梁启超的女儿梁思庄曾在这里工作过，从事西文编目；史学大家罗香林也曾担任该馆馆长。”倪俊明说，当年几乎所有的美术展览都在省、市图书馆举办，图书馆在市民的美育方面也颇有作为。

此后数十年间，图书馆在时局动荡中几次停办。1937年，日军持续轰炸广州，馆长罗香林努力保护馆舍，抢救转移珍贵文献。1938年10月，广州沦陷，广州市立中山图书馆停办，5万余册珍籍被紧急转移至广西，后借与迁到粤北的广东省立文理学院，到抗战胜利后才运回广州，广东最珍贵的一批文献因此得以保全。1941年，杜定友在粤北复办广东图书馆，在极其艰难的环境下征集图书，服务市民和中山大学学生；新中国成立前夕，杜定友带领员工，到处搜集文献资料……在近代图书馆萌芽、发生、成长的重要阶段，先辈筚路蓝缕，为广州图书馆事业的发展奠定了重要基础。

1945年抗日战争胜利后，广州市立中山图书馆复馆；1949年新中国成立后，更名为“广州中山图书馆”；1955年5月，广东图书馆、广州市立中山图书馆正式合并为广东省中山图书馆（简称“中图”）；1988年，成立中图分馆——孙中山文献馆；2002年，中图更名为广东省立中山图书馆；2013年，孙中山文献馆改为广东省立中山图书馆少儿部。它的门牌号码是文德路81号，和它的“邻居”——广东省立图书馆旧址（文德路62号）相比，不仅保存完好，而且如今依然开门纳客，迎接着一批又一批热爱书籍的人。

^ 广东省立中山图书馆文德路分馆（王维宣摄）

^ 广东省立中山图书馆内景（王维宣摄）

珍贵古籍惠泽学人

1981 年，广东省人民政府批准在文明路广东贡院遗址筹建广东省中山图书馆新馆。1986 年 11 月 12 日，新馆落成揭幕，建筑面积 2.95 万平方米，这是当时广东一项规模最大的文化设施建设。2010 年，文明路总馆改扩建首期工程完成；2019 年，改扩建二期工程完成。

中图善本书库存放 3000 多种 43 万余册（件）善本文献，其防盗系统与银行金库相当，并能保证特定的温度及湿度。中图最“老”的古籍——南宋绍兴二十一年（1151 年）元明递修本《临川先生文集》，是北宋著名政治家、文学家王安石的文集，经元、明两代递修而成，是广东省公藏单位现存的两部宋版书之一。翻开这本已有 800 多年历史的古书，墨迹秀雅而清晰。

除此之外，该馆另一件镇馆之宝是 13 世纪的《金刚经》。据介绍，此书题记时间为元代，题记时间应迟于经版制成时间，故其成书时间可能更早。这部《金刚经》是金元时期晋南民间单刻佛经，是目前海内外公藏中的孤本，对研究我国古代北方刻书、雕版印刷史和古代佛经具有重要的文献价值。中图还藏有清代乾隆内府的文源阁四库全书本《明史》，是今存为数不多的文源阁本。此外馆内还藏有岳雪楼、万木草堂的珍本、善本。

特藏文献是中图之宝。从清代著名藏书家孔广陶的岳雪楼、梁鼎芬的葵霜阁，民国莫伯骥的五十万卷楼、徐信符的南州书楼的藏书到现代著名学者容庚、著名作家秦牧，中图在百年间汇集了众多岭南文化名人、学术先贤的智慧结晶、无私捐助，是国内最具规模的广东文献和孙中山文献收藏中心。

在中图特藏阅览室内，读者若有阅览需要，只需按照借阅规定申请，便可参阅相关文献。借助缩微文献整理技术，读者不必翻阅脆弱的原件，只需借助电脑或影印本，就能读到这些珍贵的古籍内容。而今，读者更是可以使用手机、平板电脑便捷地享用中图的馆藏资料。馆藏书籍在这里得以最大限度地为读者所用。

^ 广东省立中山图书馆正门（王维宣摄）

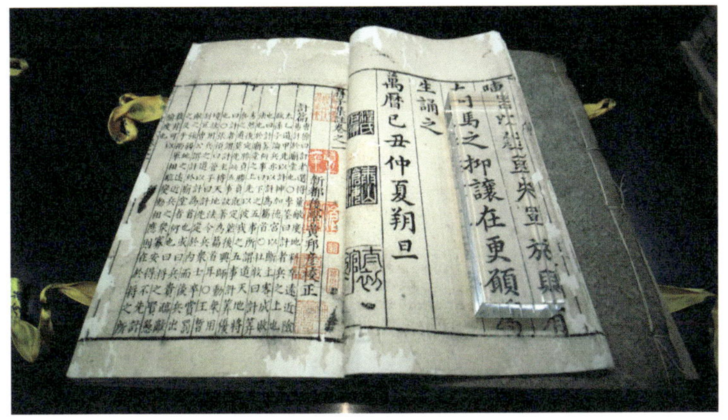

∧ 明万历十七年（1589）黄邦彦刻本《孙子集注》十三卷，广东省立中山图书馆藏（王维宣摄）

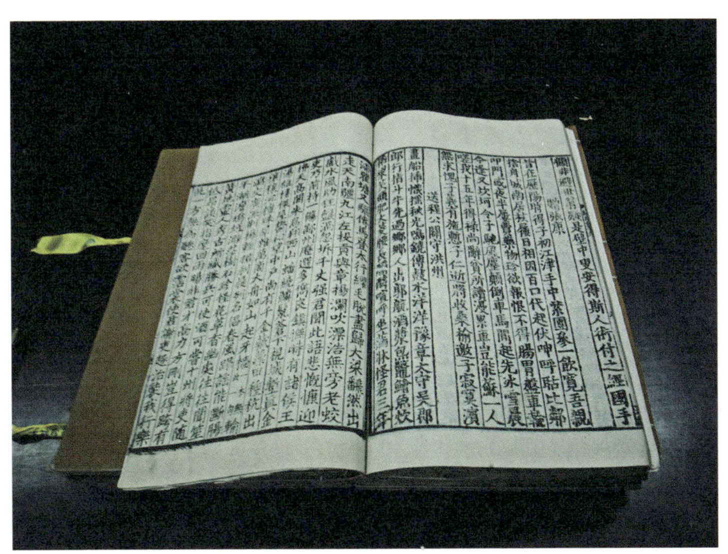

∧ 宋绍兴二十一年（1151）两浙西路转运司王珏刻元明递修本《临川先生文集》，广东省立中山图书馆藏（王维宣摄）

最繁忙的图书馆

广州图书馆开春节不打烊先河

1982 年 1 月 2 日，位于中山四路的广州图书馆（星火燎原馆）正式开馆，结束了广州市 27 年没有市级公共图书馆的历史。图书馆于开馆当日下午 2 时开始接待读者，当天便有 7000 多人进馆借阅书刊。

这一年春节期间，广州图书馆照常开放，成为全国首家春节期间开放的公共图书馆，在社会上引起强烈反响。当年的报纸连续 4 天在头版对此进行报道。改革开放初期的广州图书馆敢为人先，开创性推出节假日开放、开架阅览、放开办证等一系列便利服务措施。“这是书的海洋，没有围墙的大学。”广州美术家协会副主席陈铿在那时就成了图书馆的常客，每个周末一早就去图书馆排队，有时还带上一天的干粮，一坐就是一整天。

广州图书馆逾 25 项服务创全国领先纪录

中图、广州图书馆成为真正现代意义上的公共图书馆，其深厚积淀最终得以全民共享、普惠大众。2012 年起，广州市全面推进“图书馆之城”建设，尤其是广州图书馆新馆建成开放和《中华人民共和国公共图书馆法》（简称《公共图书馆法》）的通过，为图书馆事业发展提供了历史性的机遇。

2012年12月，总投资达13亿元的广州图书馆迁址珠江新城，以“珠江边上，美丽书籍”的形象屹立于花城广场。广州开通“羊城阅读专线”，免费接载旧馆读者前往新馆进行体验。开馆当日，《广州日报》报道了市民去新图书馆饮“头啖汤”的盛况。

2015年，《广州市公共图书馆条例》颁布施行。中国图书馆学会副理事长、中山大学信息管理学院教授程焕文回忆，《广州市公共图书馆条例》对中国公共图书馆的立法作出了两个重要的概念贡献：一个是“服务人口”，另外一个是“人均数量”。这两个概念不仅后来被广泛采用，也被《公共图书馆法》采用。在各方的共同努力下，广州图书馆作为广州市公共图书馆的中心馆，2020年率先在全国建成中心馆总分馆体系，制定了统一标识及服务规范，广州“图书馆之城”基本成形。

传统图书馆转型成为公共文化空间

“图书馆百年前的建馆初衷是‘开启民智’，以书为中心；如今它早已成为面向全民、以人为中心的公共图书馆。”广州图书馆原馆长方家忠认为，要概括图书馆的百年巨变，不过是最朴实的两个字，就是“服务”。

广州图书馆是世界上最大的面向公众的开放式图书馆，10万平方米的建筑空间，总共提供了400万册开架图书的容量，全部供读者自由阅读。馆内所有公共区域均设置了无障碍设施，并设置了视障人士服务区，提供盲文书籍及配有视障人士专用设备的电脑。视障读者高伟雄就在这里“听书”——借助科技实现无障碍阅读。开馆 40 多年来，广州图书馆在全国图书馆界创下了逾 25 项服务领先纪录，包括率先实行图书开架阅览、放开借书证办理条件、设立公共电子图书馆、设立盲人电子阅览室、实行免押金注册等，在公共文化服务领域踏上了图书馆行业跨上公益平等服务的新台阶。

自 2014 年起，广州图书馆基本服务量居全国图书馆第一位，其中 2018 年 8 月 5 日仅 1 日即有超 5 万读者入馆，创下国内城市公共图书馆单日入馆人次的最高纪录，广州图书馆因此被称为“世界上最繁忙的图书馆”。

广州市公共图书馆建设为公共文化服务树立了典范，促使广州的公共图书馆从仅提供借阅藏咨等基本服务的传统图书馆转变为包含文献与知识服务、文化与交流服务、数字网络服务等在内的多样化公共文化服务空间，而城市公共图书馆也从“以书为中心”的传统图书馆转型为“以人为中心”的社会公共文化空间。

如今，广州图书馆不仅是传统的安静读书之所，更是结合了阅读与交流的公共文化空间。在这里，有书，有诗，有画，有花，有广州人对美好生活的向往和体味。主题纪录片展映、农村电影放映展……内容丰富的讲座几乎每周轮番登场，各类文化展览更是让人目不暇接，覆盖了文学艺术、考古研究、科技发明等各个领域。

“21 世纪中国图书馆事业是从广东开始的，其中最成功之处是公共图书馆理念，广州图书馆在中国乃至世界公共图书馆历史上树立了一座具有里程碑意义的丰碑。”程焕文教授如此评价。

截至 2024 年 6 月，广州市有公共图书馆（分馆）、服务点、自助图书馆共 1425 个。全市 177 个街镇的图书馆覆盖率为 100%。广州市“图书馆之城”四级服务体系框架进一步完善。

被图书馆“包围”的广州人，成为爱读书的人。2023 年，全市公共图书馆读者到馆数量首超 3000 万人次。注册读者量达 559.07 万人，同比增长 9.34%。

历经百年风霜的图书馆，如今与读者的距离越来越近。

^ 广州图书馆（王维宣摄）

第四章 粤剧绕梁数百载

文一张素芹

红豆生南国，绕梁数百载。

粤剧是岭南文化的瑰宝，是粤港澳大湾区文化的共同根脉，也是很多海外华人共同的精神纽带。2009 年，粤剧被联合国教科文组织列入“人类非物质文化遗产代表作名录”。

诞生于广府文化中心的粤剧，吸取了外来剧种的精华，博采众长，自成一格。粤剧历史上，名伶闪耀，精彩纷呈，他们留下了艺术的瑰宝，也留下了开放创新的精神。

今天，年青一代对乡土文化、岭南文化爱得热烈而深沉。粤剧电影吸引了大批年青观众，甚至引发了戏剧“国潮热”；“粤剧进校园”开展得如火如荼；粤剧社团兴盛。在时光的长河中，将粤剧艺术代代相传的，不仅是粤剧从业者，还有忠实的观众和戏迷。

粤剧初始不唱粤语

“在中国戏曲的整个发展格局中，粤剧是一个不可轻视的剧种。岭南是一片面向大海、开放包容的沃土，浩瀚无际的海洋成就了广府人开阔的心态、务实的品性和求新的胆识，这是粤剧，也是岭南文化的一个文化基因。数百年来，粤剧艺术立足本土，以海纳百川的胸怀博采众长，兼收并蓄，从而自成一格。”广东粤剧促进会会长、著名粤剧表演艺术家倪惠英表示。

清代戏棚官话插入粤语

粤剧，又称“广府戏”“广东大戏”，是我国华南地区影响最大、流传最广的地方剧种。

广东人民自古以来就爱唱歌。在南越国宫署遗址中，出土了印有“官伎”字样的瓦片，说明在南越国时期，王宫中就有专职的歌姬舞娘。唐宋以来，北方和中原一带的百姓为躲避战乱迁居岭南，经济繁荣为戏曲发展创造了良好基础。

明代成化年间，各省入粤的外来戏班演出频繁，并有众多本地子弟参加演唱，孕育了粤剧的种子。明末清初，外江班和本地班在广府地区非常活跃。外江班指的是入粤演出的外省戏班，主要演唱弋阳腔、昆曲、徽调、祁阳戏、桂戏等；本地班由本地艺人组成，演出广府大戏（即早期粤剧）。

不过，粤剧最早并不是用粤语来演唱。在很长一段时间里，广府大戏唱念使用的语音基本是仿效外江班的“中州韵”，后来又融入某些粤语读音，久而久之，便形成了一种与“中州韵”既相近又有区别的特殊舞台语音——粤剧舞台官话（简称“官话”）。为了满足本地观众的需求，本地班在官话中融入粤语读音的做法逐渐增加。著名戏剧家欧阳予倩曾在《试谈粤剧》一文中说过：“本来粤剧在同治年间已经在戏棚官话中插进了广州话，一步步逐渐增加，以至唱词（韵文）也加入了广州话。”粤剧研究学者赖伯疆、黄镜明的《粤剧史》一书，亦提及清光绪年间本地班演的“新江湖十八本”，“巧妙地运用了各种‘排场’，以及方言土语生动穿插”。

百年前完成从“官话”改唱“白话”

随着城市商业剧场发展等多种因素影响，更贴近市民生活的粤语对白逐渐成为主流。辛亥革命前后，一批接受新思想、有志于粤剧改良的人士发起组织“志士班”（为宣传革命而建立的新戏班、话剧社）。志士班借鉴话剧形式，大量使用广州方言编演改良戏，如《周大姑放脚》《盲公问米》《与烟无缘》等，进一步推动了粤剧演出语音的演变。

清末到民国时期，一批有影响力的粤剧名伶，如金山炳、朱次伯、千里驹、白驹荣、白玉堂、薛觉先、马师曾等都在自己的粤剧戏班中大力推广使用粤语。到 20 世纪 30 年代初，粤剧基本完成从“官话”改唱“白话”的变革。

粤剧演出语音的演变，是粤剧史上一次重大的变革和突破。随后，粤剧在地方化、大众化、生活化、通俗化的大道上飞奔，完成了历史性的飞跃。

∧ 八和会馆前的粤剧快闪（莫伟浓摄）

∧ 《六国大封相》剧照（第九届羊城粤剧节供图）

名家辈出共谱芳华

第四章·第二节

如薛觉先所言，粤剧“融南北戏成一家，合中西乐为一体”。没有一部地方戏曲能像粤剧那样，集南北戏曲之大成，保留着京剧、昆曲、越剧、秦腔等众多剧种和民间歌调的曲牌。

声腔是用来判断戏曲类别的主要要素。粤剧全面改用粤语后，粤剧的唱念发生了许多重大变化，比如，粤语的声调比较低沉、浑厚，喉音、齿音较重，用于粤剧的唱念时就与官话演出时的高亢曲调不大协调，因而在声腔方面要相应改变，小生唱法便不再使用假声，转用真声，出现了“平喉”；又如，粤语有 9 个声调，用粤语唱念后，带来了唱腔音乐，包括板式、调门乃至乐器等方面的一系列变化。

粤剧在各个历史时期产生了不同行当的不同流派唱腔。例如，粤剧花旦的流派唱腔有清末民初时期的驹腔（男花旦千里驹）、二十世纪三四十年代的妹腔（上海妹）、四五十年代的芳腔（芳艳芬）和红腔（红线女）等，生角的流派唱腔有薛腔（薛觉先）、马腔（马师曾）、虾腔（罗家宝）、风腔（陈笑风）等。仅在《粤剧大辞典》一书中就列出了 15 个流派唱腔。一代代粤剧人敢为人先，勇立潮头，留下了流派纷呈的艺术瑰宝，也留下了开放创新的精神。

薛腔：创造出“问字攞腔”的技巧方法

薛腔的创始人是粤剧演员薛觉先。20 世纪 30 年代，薛觉先首倡“问字攞腔”的演唱方法——根据拉腔前最后一个字的字音，来选择相应的发音方法拉腔。对曲词中“字”的声韵、声调及所包含的内容，先要逐一弄清，在发音准确的基础上行腔，所谓“腔由字出，字随腔落”。这改变了之前粤剧艺人拉腔过于单调的情况。

薛腔音色清亮，吐字清楚，旋律优美流畅，节奏稳定明快，运用唱腔的多种表现手法，表现角色的特定情绪。薛腔在继承传统的基础上创新，在《心声泪影·寒江钓雪》中创造出源于粤讴的“仿解心腔”，句格体裁与原来相同，旋律却优美流畅。薛觉先在传统梆黄的基础上发展了“长句二流”“长句滚花”和乙反、反线等新唱法。他创造的“解心腔”“南音二流”等新板腔及创作的《倦寻芳》《寒关月》《胡不归》等小曲，至今仍在剧坛传唱。

^ 薛觉先

马腔：让观众听得清楚又贴近生活

马腔创始人马师曾，根据自己嗓音洪亮扎实而又欠圆润的特点，有意识地研究卖柠檬的小贩的叫卖声，演唱时用力压迫喉头，对音色不着意修饰，创造出一种既让观众听得清楚又贴近生活的“柠檬喉”发音方法。1924 年他在《苦凤莺怜》一剧中首次以柠檬喉演唱，谐趣隽永，大受欢迎。因其在该剧中的角色是个乞儿，这一唱腔又被称为“乞儿喉”。

晚年马师曾多习老生，其唱腔艺术转向典雅，讲究韵味，节奏严谨，行腔短促，甚少花腔，其代表作《搜书院》《关汉卿》的唱腔都充满书卷味。《搜书院》中，他扮演老学究谢宝，内场唱“步月黄泥之坂”，最后的拖音往下滑跌，营造出未见其人先闻其洒脱不羁的贴近生活之声的氛围。

红腔：首尾传统，中间变化丰富

红线女以粤剧传统唱腔为基础，开创了迄今为止粤剧史上花旦行当中影响最大的唱腔流派——红腔。

1951 年，她的名曲《一代天娇》标志着红腔的形成。红腔在不完全离开基本旋律的框架之下对传统唱腔进行修改。其较常见的一种布局框架是：一首曲的开头是传统的唱腔，中间却有很丰富的变化，结束时又回到传统上来，使人听来觉得既继承了传统又发展了传统，唱出了新声。

粤剧《关汉卿》首演于1958年，上海《文汇报》曾以“满城争说关汉卿，一曲难忘蝶双飞”为标题盛赞《关汉卿》的艺术成就。剧中《蝶双飞》一曲由田汉作词、红线女演唱，获赞“田词红腔，一曲难忘”，成为红腔的代表名曲之一。

虾腔：易于传唱，流畅自然

脍炙人口的虾腔易于传唱，是最为流行的粤剧流派唱腔之一。虾腔创始人是粤剧小生罗家宝。罗家宝出身粤剧世家，自幼在戏班生活。他博取薛觉先、白玉堂、桂名扬等名家所长，结合自己的嗓音条件，逐步形成独具一格的流派唱腔——虾腔（罗家宝乳名叫“阿虾”）。

虾腔贴近生活，流畅自然，平白如语，相对容易学、容易掌握。其行腔顿挫鲜明，吐字清晰，不求花俏，但韵味淳厚。罗家宝结合自己嗓音低沉厚实、共鸣音较好的特点，演唱多以中低音为主，运腔时喉部发音极为松弛。虾腔经典《柳毅传书》《梦断香销四十年》亦是流传极广的粤剧戏宝。

各具个性特色的流派唱腔异彩纷呈、争奇斗艳、传人众多，推动粤剧的唱腔艺术随着时代不断发展。凭借独特的广州白话、异彩纷呈的唱腔，粤剧从众多地方剧种中脱颖而出。

^ 《搜书院》1956 年剧照（广东粤剧院供图）

^ 马师曾、红线女《关汉卿》剧照（广东粤剧院供图）

经典剧目紧随时代

粤剧题材广泛，岭南文化色彩浓烈，并且善于吸收、借鉴其他艺术领域和外地、外国的文化艺术，其思想内容和编剧手法亦与时俱进。据不完全统计，粤剧在形成与发展的过程中积累了 1.1 万多个传统剧目和新编剧目。

《刁蛮公主戆驸马》源自莎翁名剧

20 世纪 20—40 年代，粤剧受到现代社会生活和新兴艺术的冲击和挑战，尤其是电影的挑战。为求生存，一场粤剧变革求新的热潮兴起，一马当先的是剧目革新。当时各戏班争相网罗编剧家，竞相编演的新剧目数以千计，代表一时风气的剧目有《姑缘嫂劫》《刁蛮公主戆驸马》《胡不归》等。这些剧目的题材和思想内容大都贴近当时的艺术欣赏情趣和审美要求。其中，《刁蛮公主戆驸马》由粤剧宗师马师曾和粤剧创作名家卢有容根据莎士比亚名剧《驯悍记》改编。马师曾、白驹荣、罗品超等大批粤剧艺人还纷纷“触电”，拍摄粤剧电影，凭借粤剧名伶的知名度，加上远低于剧场演出的票价，吸引了大量观众走入电影院。

《山乡风云》是演出时间最长的现代剧

二十世纪五六十年代，在大批粤剧新编剧目中，《搜书院》《关汉卿》《山乡风云》最能体现粤剧创作和改革的成果。其中，粤剧《山乡风云》根据吴有恒小说《山乡风云录》改编。该剧创作于20世纪60年代，由红线女、罗家宝、罗品超等一众粤剧艺术大家共同演绎，为粤剧史上迄今演出时间最长的现代剧，并与《搜书院》一道被誉为“粤剧改革的里程碑”。该剧是探索借鉴和改造旧程式，将其作为表现现代人物、现代生活的艺术手段的成功之作。全剧唱腔除少量牌子曲外，全部使用梆黄板腔，排除了小曲杂调，突出了粤剧的传统特色。

^ 《山乡风云》（第九届羊城粤剧节供图）

《伦文叙传奇》已演出超 800 场次

改革开放后，又出现了一批立意新颖的剧目，如《三脱状元袍》《梦断香销四十年》《睿王与庄妃》等。这个时期，编剧家特别重视广东地方历史题材的创作，《伦文叙传奇》是其中佼佼之作。《伦文叙传奇》首演于 1993 年，至今已演出超 800 场次，深受观众欢迎。伦文叙是岭南地区家喻户晓的传奇人物之一，粤剧《伦文叙传奇》是一部励志轻喜剧，人物生动，情节紧凑，具有浓郁的广东民间风味和乡土特色。2015 年 8 月，粤剧电影《传奇状元伦文叙》首映，这是广东粤剧院时隔 42 年再次推出的粤剧电影。

香港是粤剧流行的重要地区。香港当代编剧以新的视角选取历史故事题材，并根据主演者的艺术特色，编写了一批文学性较强、桥段引人入胜、曲牌顺畅的剧目。如《帝女花》《紫钗记》《再世红梅记》等，一经上演就深受欢迎，还远播海外，数十年历演不衰。

博采众长自成一格

第四章·第四节

无戏不成年　春班已百年

春节期间粤剧表演团体的演出活动统称“春班”。春班是珠三角及粤西地区独具特色的民俗，也是粤剧的一大特色。粤剧源于市井，拥有鲜活的生命力，在民间很受欢迎，从百年春班可见一斑。下春班演出的，除了粤剧新秀，还有很多粤剧名家。百姓喜欢在春节看大戏，而对于粤剧人来说，过年就是要“做春班”，春班做得越多，剧团就会越红火，一整年都热热闹闹。

广东自古就有在新春佳节载歌载舞的习俗。据清光绪年间《吴川县志》记载：“明万历年间……黄坡、梅菉生意大盛，中逢元宵、中秋、重阳或种种神会，张灯结彩，还神演戏。”一百多年来，逢节气、祈福、祭祀等传统节日或活动，常见粤剧演出。农历正月更是一年中粤剧演出最集中的时候。在清末至民国期间，广东很多戏院的大戏都是从年初一演到年初七，元宵除了灯会，也一定有戏。

春班的出现没有确切的时间，业内人士认为大概于 20 世纪 20 年代，主要从“下四府”形成。明清两代，广东分为 10 个州府，以现在的阳江市为分界，东北面有 6 个府，俗称“上六府”，西南面有 4 个府，俗称“下四府”。下四府具体指高州府、廉州府、雷州府、琼州府。下四府的戏剧活动一直十分兴旺。

《粤剧大辞典》这样描述：酬神演戏是下四府班生存发展的基础。每逢神诞、节庆、年例，许多乡村都搭建戏棚请戏班演出，尤其是每年春节农历正月初一至十五元宵，各村竞相演戏，于是形成了“春班”的演出习俗。粤西还有做“年例”的习俗，“食大餐，睇大戏”是过年例最重要的两个节目。自年初五到元宵节，当地各村会根据各自习惯择日过年例，张灯结彩，粤剧是必不可少的节目。

春班习俗流传甚远，至今仍十分兴旺，尤其在粤西和珠三角地区。一台大戏开锣，邻里乡亲汇聚一起，其乐融融。在珠三角，能在春节请省城的粤剧团体下乡表演，于当地而言，是一种荣耀。身为当今粤剧界的翘楚，广东粤剧院和广州粤剧院无疑是最受欢迎的粤剧团体。因此，每逢春节，也是这两个院团最忙的时候。

春班之所以能成为广东城乡之间的文化盛事，除了粤剧观众人数众多、广东民间富裕，也是因为粤剧院团、演员的极度重视。

很多粤剧演员都是一入行就开始演春班了。著名粤剧表演艺术家丁凡回忆自己 30 年前第一次到粤西演春班的情形时说：“当时还没有高速公路，坐十几个小时的车才能到。当时也没有酒店，自己带铺盖，大家分散住在村里，在哪里住就在哪里吃，从一条村走到另一条村。”

演了这么多年的春班，丁凡也看到了春班的诸多变化。其一，环境越来越好。早年的戏台是用竹子搭建起来的，上面铺木板，演武戏的时候会有安全隐患，让人忐忑。演戏还要看天气，天气热的时候蚊虫多，天气冷的时候根本挡不住风。如今，很多村里都修建了文化广场、文化大楼。其二，观众素质越来越高。粤西的观众会看戏、很懂戏，还经常在一起评论。其三，观众要求高了。“观众对灯光、服装、舞美等的要求变高了，同时，民营剧团的水平也在提高。”丁凡说，“我们在广州呈现多少东西，下乡也要给观众多少东西。”其四，戏金越来越高。20世纪90年代，一家剧院演一场的戏金是4500元。现在戏金高了很多，有名家演出的场次可达到十几万元一场。“春班下乡演出比在剧院‘吵’，但是看到这么多观众，我们也很兴奋。”丁凡还透露，20多年前，红线女第一次去粤西春班，就是他带去的。当时红线女表示“先看看，我不唱”，当看到人山人海的观众，甚至很多观众还爬上了榕树枝头，红线女也忍不住唱了三首曲，其中就有《荔枝颂》。

精彩纷呈的粤剧，无疑是新春佳节岭南的一道文化大餐。

南派武技　非常“能打”

粤剧以海纳百川的胸怀，不断地吸收、借鉴、学习其他门类的艺术并为己所用，形成自己的特色。其中，以实用性武技入戏是其重要特征之一，这在其他地方剧种中较为少见。

相对于以京剧为代表的、突出表演性和身段美感的北派武打技巧，传统粤剧武戏技能被称为“南派武技”——雄浑有力，硬桥硬马，追求对打的逼真效果。

南派武技的许多拳法和绝技都源于南少林武技。据粤剧研究学者蔡孝本、叶建卫主编的《龙虎武师三百载》一书记载，清乾隆年间，福建泉州少林寺（俗称南少林）因反清复明遭镇压，至善禅师、洪熙官等南少林侠士逃至广东，隐姓埋名栖身于粤剧红船戏班乐丰年。在当时，戏班艺人属于“下九流”，为了自保，便拜洪熙官为师学武。习武后，他们觉得南派功夫不仅可以防身，而且气势雄壮、声威夺人，于是将其移植到舞台表演中，并不断加以完善，逐步形成规范，呈现出一整套独具地方特色的粤剧南派武技表演。

“老一辈的粤剧伶人，都学过功夫，都有一定的武艺，有些还身怀绝技。粤剧伶人学习武艺，一方面用来强身自卫，一方面是职业上的需要。因为不少粤剧功架和排场，不少剧目，如果没有一定的武艺基础，是无法掌握、无法表演的。”著名粤剧表演艺术家陈非侬在《粤剧六十年》中如此写道。

早期粤剧因活动区域不同，分为广府班和过山班。广府班是在广州和珠江三角洲地区演出的戏班；过山班则是在广阔的小城镇和农村演出的戏班，包括粤北的北路班、粤西的下四府班和粤东的惠州班。20 世纪 20 年代，广府班逐渐发展为省港班，以广州、香港等城市为据点，走上现代化道路。而过山班则更多地保留了早期粤剧粗犷、质朴的特点。与省港班偏重于风花雪月、才子佳人不同，过山班更擅长于文武场、武功戏，形成了南派粤剧艺术。南派粤剧以武功表演见长，表演十分注重真功夫。

20 世纪 30 年代，南派粤剧武打舞台涌现出一批各有奇能、身怀绝技的艺人。其中，“桂腔”创始人桂名扬对自己和弟子都十分严格，他与弟子梁荫棠“三巴掌”的故事传为佳话。梁荫棠为了展示本领，每场表演都把大刀耍得呼呼作响，赢得满堂喝彩，桂名扬却打了他三个巴掌。原来，大刀没有缠手，容易滑脱。一出场就要正面大刀花，刀如果脱手，会伤到前排观众，因此必须先大刀背花，拿稳了再亮相。梁荫棠牢记恩师教诲，在独当一面后，仍以“桂派弟子”自居。

“打真军”是传统粤剧颇具特色的南派武技。小武演员所使用的刀、枪、剑、戟等兵器，轻则十余斤，重则三十多斤，那些有危险性的厮打搏杀，没有硬功夫难作表演。其中，“高台照镜”是南派粤剧具有代表性的绝活。道具通常是一台二椅，高台前放一张椅子，高台上再放一张椅子。表演时，演员通过助跑，从低处的椅子上踏跳而起，腾空 180 度转体后稳稳落在高处的椅子上，面对观众扎架亮相。因演员转体前后的动作身姿仿佛反射在镜子上一样，故称为“高台照镜”。

由于“打真军”等南派武技在舞台上表演时有一定的危险性，且需要多人长期在一起合作训练才能演出，所以此项武技现已极少在粤剧舞台上展现。而粤剧在吸收了北派艺术后，武打舞台也大大提高了审美性。

^ 广州粤剧院春班演出（广州粤剧院供图）

^ 粤剧的南派武技（第九届羊城粤剧节供图）

求新求变传承创新

第四章·第五节

从 1913 年第一部粤语电影到两抱“金鸡奖”

为什么粤剧至今仍旧有鲜活的生命力？丁凡曾表示：“和其他地方剧种相比，粤剧一直在求新求变，在传统的基础上不断适应时代的变化，这也是粤剧恒久的生命力所在。”敢于尝试，敢于跨界，粤剧在 20 世纪初就突破了舞台演出在时空上的限制。1913 年，粤剧无声电影《庄子试妻》问世。1933 年，薛觉先主演了《白金龙》，掀起了粤剧有声电影的第一个高潮。

粤剧“一代宗师”红线女，也是 20 世纪 50 年代香港影坛一线花旦。1947 年她受邀拍摄第一部电影《藕断丝连》，该片由马师曾的著名舞台剧改编而来。红线女虽是首次涉足影棚，却很快就适应了在镜头前演戏。更令人叫绝的是，她首次触“电”就“轧戏”（同时参与不止一部戏的拍摄），并创下上映时几乎与自己打对台的纪录——当时她同时拍摄和上映的还有《我为卿狂》，这是改编自另一位粤剧“大老倌”薛觉先的著名剧目。

1955 年，红线女与马师曾一起回到内地，加盟广东粤剧团，再次拍摄了大量粤剧电影，其中最经典的就是《搜书院》和《关汉卿》。

有一众粤剧大师“触电”的经验和成就在前，近 10 年来，粤剧电影蔚然成风。《传奇状元伦文叙》《柳毅奇缘》《睿王与庄妃》《白蛇传·情》《刑场上的婚礼》《南越宫词》《范蠡献西施》，多部经典粤剧被拍成电影。

2021 年 12 月，第 34 届中国电影金鸡奖在厦门揭晓。粤剧电影《南越宫词》获最佳戏曲片奖。2023 年 11 月，第 36 届中国电影金鸡奖公布，粤剧电影再抱“金鸡”——粤剧电影《谯国夫人》获得最佳戏曲片奖。

粤剧电影，将电影和戏曲两种艺术形式的美学融合并加以展现，让更多的观众了解中国传统戏曲艺术，感受中华传统文化的魅力，吸引了无数年轻观众。

作为《刑场上的婚礼》《南越宫词》《睿王与庄妃》三部电影的男主角，中国戏剧梅花奖“二度梅”获得者欧凯明表示：“希望用这种创新的艺术形式，增强粤剧的生命力，让更多的观众关注粤剧、爱上粤剧。”

∧ 粤剧电影《南越宫词》剧照（广州粤剧院供图）

有华人的地方就有粤剧

广东人向来有敢于闯荡的豪气，随着他们勇闯天涯，漂洋过海，粤剧也就被带到了全世界各地。

在东南亚、美国、加拿大等地的华侨聚集地都能寻见粤剧活跃的身影，只要有广东人足迹的地方，就有广东人的戏班。粤剧成了海外传播时间最长、传播范围最广的剧种。“有海水的地方就有华人，有华人的地方就有粤剧。”当年，桂名扬主演的《赵子龙》在美国旧金山大中华戏院演出，被其精湛技艺折服的华侨自发打造了一个金牌送给他，桂名扬“金牌小武”的称号由此而来。

粤剧，记载着广东历史、人文地理、文化精华和民俗风情，也承载着人们的爱与乡愁。

从 20 世纪 70 年代末开始，广东的粤剧团体多次到不同国家和地区访问演出，粤剧走到了美国、加拿大、英国、法国、荷兰、日本、新加坡等地，甚至去到了毛里求斯。“当我们走向世界就发现，粤剧每到一处都非常火爆。”倪惠英表示，“经常有当地观众煲汤给我们喝。”这是血浓于水的亲情。在她看来，“传统文化不仅是一个民族的历史记忆，也是这个民族得以满怀自信走向未来的文化根基”。

粤剧既是华人华侨难忘的乡音乡情，也是外国友人了解中华优秀传统文化的重要窗口。2024 年 7 月，粤剧《三水女儿·红头巾》首次回到故事发生地新加坡。该剧讲述的正是二十世纪二三十年代一群佛山三水女子在新加坡奋斗的故事，演出大受欢迎。事实上，粤剧在东南亚有着广泛的群众基础。在华人人口占比约 75% 的新加坡，更是如此。那里有林锦屏粤剧艺术研究社、艺声粤剧团、粤曲研艺班等大大小小的粤剧团体。

创办于 1990 年的羊城粤剧节是目前国内规模最大、规格最高、影响最广、最权威的大型国际知名粤剧文化交流品牌活动。第九届羊城粤剧节于 2024 年 11 月举行，海内外粤剧工作者及爱好者积极响应。其中，华人华侨社团粤剧粤曲联展板块共有 138 个社团逾 400 个节目报名参加。香港长者乐园主席邓任淑华多次参加羊城粤剧节。“最难舍是故园情。”她说。

《粤剧表演艺术大全》留住根和源

传承创新的同时，粤剧界持续追根溯源，深挖这一宝藏，为粤剧的保护和传承提供坚实的理论基础。

粤剧以剧目丰富见长，有史书记载的剧目约有 11360 个，是全世界剧目最多的剧种之一。但随着时代变迁，由于剧本、影音、艺术档案等历史资料的缺失，目前能够保留并且上演的剧目剧减。为抢救粤剧史料、整理形成粤剧表演艺术权威教材，2017 年，《粤剧表演艺术大全》五卷编纂工程正式启动。2024 年 11 月，粤剧界同人历时 8 年编纂的《粤剧表演艺术大全》竣工，标志着粤剧成为全国 348 个剧种中第一个系统地完整呈现本剧种表演艺术体系的地方剧种。《粤剧表演艺术大全》全套书籍共分五卷——《做打卷》《唱念卷》《音乐卷》《舞美卷》《剧目卷》，除了全套书籍，还有1.5万多分钟的视频和1200多段音频，对粤剧表演艺术进行了追根溯源的挖掘和整理，把粤剧百年来的发展记载了下来。《粤剧表演艺术大全》主编倪惠英说："我们留住根和源，500年、1000年之后的人要学粤剧，都可以在这里找到源头。"

∧ 粤剧传承（李波摄）

^ 粤剧《白蛇传·情》剧照（广东粤剧院供图）

第五章 广东音乐步步高

文一张素芹 倪明 肖桂来

琴音清越绕梁久，广东音乐步步高。

广东音乐（又称“粤乐”）是主要流行于以广州为中心的珠江三角洲乃至广府方言区的丝竹乐种，是岭南文化的三大瑰宝之一，是我国民间音乐的重要乐种，也是国家级非物质文化遗产代表性项目。

广东音乐是广府人活色生香生活的缩影与写照：它是街市茶楼的娱情遣兴，也是大雅之堂的稀松常客；它既有“雨打芭蕉”的闲适、“平湖秋月”的婉约、“彩云追月”的浪漫，也不乏“赛龙夺锦”的豪情与“泣长城”的家国情怀。广东音乐的音色清脆明亮，曲调流畅优美，节奏清晰明快，被誉为“透明音乐”。它是无数海外华人永远无法忘怀的故土乡音。

一百年过去了，广东音乐的底色未改、气质不变，仍是当年的那个“潮牌”。

沙湾开广东音乐创作先河

《赛龙夺锦》《雨打芭蕉》熟奏成章

一方水土养一方人，蜚声海内外的广东音乐孕育于美丽富饶、河网密布、潮湿温润的珠三角地区。

在广东音乐国家级传承人、著名高胡演奏家何克宁看来，各个地方乐种之所以有不同的特色和韵味，与当地地理环境、风土人情以及方言的声调息息相关。广东音乐之所以能受到人们的喜爱，是因为其旋律流畅优美，曲式结构严谨，题材多取自生活；最重要的是，它有独特的韵味，这种韵味的形成，与广府白话有着千丝万缕的关系。尤其是在广州番禺和佛山南海、顺德一带，人们说话抑扬顿挫、平仄交替、明朗悦耳。有人说，南番顺地区的人吵架像唱歌一样。

“文字的发音有其声必有其调。广州地区的方言发音直接影响着广东音乐的旋律与韵味。在这些地区流行的龙舟歌、木鱼歌、咸水歌与中山民歌等，和我们生活中的民谣、童谣、劳动号子、买卖经商的叫喊，都成了广东音乐创作的旋律宝库。”中国歌剧舞剧院原院长陶诚认为，广东戏曲、民歌与器乐的平行发展、交叉影响和相互借鉴，促进了广东音乐的诞生。

业界普遍认为：明代万历年间，外地音乐文化（包括中原古乐、弋昆牌子曲、江南小曲和小调等）全面传入珠三角地区后，受本土语言、风俗、人文、自然地理环境的影响，与在“胚胎”中的本土音乐文化慢慢融合。明清时期，木鱼歌、粤讴、南音等民间曲艺在岭南空前繁荣，民间乐社、八音班等纷纷涌现。

广东音乐的正式形成，应当自清代嘉庆年间南海人招子庸编写《粤讴》算起。该书由招子庸在广州搜集歌伶咏唱的民间唱词俚句汇编而成，全书共 121 首乐曲，以粤语韵律加以变调整理，以粤地方言谱词。

清代咸丰至宣统年间，广东音乐尚处在孕育期，未能自成一体。在这一时期，以番禺沙湾人何博众为代表的民间音乐爱好者把北方乐曲和粤讴、南音及粤剧的曲牌、杂曲等熟习于心，互相引奏。在充分借鉴民间音乐艺术的基础上，他们以生活体验为依据，创作了一批广东音乐作品，如《赛龙夺锦》《雨打芭蕉》《饿马摇铃》等。这些作品只是作者在心里自编成谱，通过口传的方式说明曲意，用手奏曲，熟奏成章，还没有用曲谱记录。擅长扬琴的著名艺人严老烈自创“右竹法”，以“加花”（修饰旋律的手法，是演奏者对原曲进行的二次创作）的手法，改编创作了《旱天雷》《倒垂帘》《连环扣》《归来燕》等经典作品。

随着严老烈、何博众等早期著名作曲家兼演奏家创作的首批广东音乐作品问世，广东音乐完成了器乐化过程，组合形式和演奏技法日趋成熟。

^ 《赛龙夺锦》演奏现场（广东音乐曲艺团供图）

^ 广东音乐国家级非遗代表性传承人何克宁在演奏高胡（苏俊杰摄）

『何氏三杰』创『典雅派』

一代宗师吕文成制成高胡

民国初年，沿海经济繁荣催生了人们对精神生活的追求，西学东渐也促进了音乐的创新。这一时期广东音乐人才鼎盛、创作繁荣，代表人物有“何氏三杰”何柳堂、何与年、何少霞，他们都是何博众的后人。

以何柳堂为代表的作曲家搜集并整理了广东音乐的早期作品，把曲子用谱记下来，并加以改编。如《赛龙夺锦》《雨打芭蕉》《饿马摇铃》等经典曲目，经何柳堂整理改编后，愈发光彩夺目。

在继承传统的基础上，何柳堂又写下了《回文锦》《七星伴月》等曲。从何博众时期手弹、口授、耳听、心记到何柳堂的承上启下、整理改编，再到何与年、何少霞富有个人特色的创作，沙湾数代何氏音乐人以中原音乐为根，以民间艺术、歌谣等为营养，在继承前人音乐特色的基础上，吸收粤剧和西洋音乐的养分，强调节奏的转换、旋律的优美、音色的华丽、调式的变化，以曲抒情，终成别具一格的“典雅派”。

番禺沙湾能成为广东音乐的发源地之一，沙湾何氏扮演着非常重要的角色。得益于富裕的经济条件、开明的思想和活泼的民间艺术，沙湾何氏族人不仅能文能武，还能歌善舞。何氏音乐清新典雅、委婉柔和、自成一体，从“琵琶大王”何博众到享誉中外的“何氏三杰”，他们成为广东音乐的开拓者、改革者、传道者。《雨打芭蕉》《赛龙夺锦》《饿马摇铃》等名曲从这里奏响，传奏至今。

从《粤讴》问世至20世纪20年代，广东音乐的乐器主要由二弦、三弦、竹提琴、月琴、扬琴、喉管、笛、箫等组成。这个时期也是粤乐的硬弓（坚硬粗响的乐器）时期。沙湾何氏历代名家都是琵琶高手，如何博众即因首创“十指琵琶”弹奏技法被称为“琵琶大王”，何少霞被称为“琵琶精”。

何柳堂后来在香港任广东音乐和粤剧教师多年，广东音乐名家吕文成、尹自重、何大傻、何浪萍等“四大天王”都曾拜在其名下学艺。

如果说“加花”是广东音乐演奏技法上的丰富与改变，那么，一代广东音乐宗师吕文成让广东音乐发生了革命性的变化。

20世纪20年代，20岁出头的吕文成做了一次大胆改革：他用小提琴的钢丝外弦代替二胡的丝质外弦，将音域提高了四度，并用两膝夹住琴筒拉奏。这一创举，使高胡成为广东音乐的主奏乐器。以高胡为主奏的“软弓组合”逐渐取代传统以二弦为主奏的“硬弓组合”，成为主流。

当时的一名沪上记者写道：“二十年代他（吕文成）在上海音乐社个人表演扬琴独奏《梅花三弄》《小桃红》两阕，听众们如痴如醉……至今传诵不衰……二胡独奏《双声恨》《昭君怨》曲终，掌声响彻全场。”吕文成大获成功后，被听众誉为“二胡博士”“二胡王”。

^ “何氏三杰”像（从左至右：何柳堂、何少霞、何与年）

^ 《琵琶乐谱》（李波摄）

扬名于上海　传遍五大洲

《步步高》在沪上写成

全国民间艺术家协会会员、广东省音乐家协会会员陈锦昌曾指出，吕文成是创作广东音乐作品最多、作品最为流行的音乐家。

20 世纪 20 年代，吕文成在上海的茶座里写出了《步步高》，在坊间大受欢迎。这首曲目简谱的头三个音“335”是粤语“步步高”的音调，寓意“步步高升”。该曲演奏时在两个八度音域中充分发挥高胡技巧，给人以步步高升之感，“八度大跳”的旋律多次出现，更是让人精神振奋，因此大受热捧。

《平湖秋月》是吕文成创作的另一首名曲，被称为《步步高》的“姐妹篇”。有乐评人表示，《平湖秋月》旋律婉转、节奏多变，既饱含江南音乐华丽明亮的韵致，又采用岭南音乐行云流水的走指及圆润的长弓和弹性的短弓，形象地描绘出吕文成在杭州西湖感受到的“江天一色无纤尘”的幽美境界。

1932 年，吕文成离开上海，定居香港。抗战期间，吕文成创作的《泣长城》《樱花落》《送征人》《台儿庄之战》等抗日乐曲，极大地激励了国人的抗敌斗志。

吕文成为什么会在上海学习粤曲并成名？原来，吕文成出生于中山，3 岁时就跟随养父远赴上海。吕文成的音乐启蒙之路颇为特别——他在沪上做童工，受到附近茶楼里粤剧与粤曲表演的耳濡目染，从而爱上了广东音乐。

与他的经历相似的是，广东音乐同样发源于珠三角，也同样扬名于上海。

广州大学音乐舞蹈学院执行院长刘瑾教授认为，广东音乐风行上海，是广东精英文化与海派文化的珠联璧合。“当时广东人在上海的社会地位很高，广东音乐非常容易被接受。”

1918 年，上海首个广东音乐社团——上海粤侨工界协进会音乐部成立。到了 20 世纪 30 年代中期，沪上已有 30 多个广东音乐社团。20 世纪 20—40 年代，上海一跃成为亚洲唱片业重镇，北上的广东音乐得益于此，迈入全盛时期。随着唱片销往全国各地，广东音乐也在全国扬名。

广州、香港、上海、沈阳、天津、西安等地都成立了研究和演奏广东音乐的音乐社，尤其是上海和香港，茶楼和舞厅里都有广东音乐伴奏。

星海音乐学院音乐学副教授、广东音乐文化研究专业硕士生导师吴迪 2005 年第一次去天津演出，当晚全场满座。一位七八十岁的老先生告诉吴迪：“我是‘留学生’——听着留声机学广东音乐的学生。”

伴随着华人华侨的脚步，广东音乐传播到了美国、加拿大、新加坡、马来西亚、泰国……在海外，凡有华人的地方就有广东音乐。广东音乐是海外华人与故土之间的情感纽带。漂泊海外的华人，即使与故乡远隔万里，耳边萦绕的仍是熟悉、温暖的乡音。

乐团相继成立，花城万家管弦

新中国成立后，广东音乐保持强劲的发展势头，成为中国唯一以省份命名的民族音乐。专业研究机构和专业演奏团体相继成立，如广东民族乐团、广东音乐曲艺团等。

从 20 世纪 60 年代开始，广东音乐开始逐渐形成大型乐队结构，并制定了三种乐队编制——小组奏、中组奏、大合奏。大型乐队形成后，也引进了乐队指挥。一批名家创作出《春到田间》《山乡春早》等优秀作品。其中，刘天一成为广东高胡第二代传人。他演奏《鸟投林》时，一改前人用“叫子”（一种哨子）模仿鸟鸣的技法，改用高胡的高音区演奏。为了更好地把握鸟啭之音，他常到郊区、公园聆听鸟鸣，认真揣摩，最后运用特殊弓法，模仿出比叫子更为逼真的鸟鸣。

据史料记载，20 世纪 60 年代，郭沫若到广东目睹了民间音乐的盛况后，写下了“千顷良田千顷蔗，万家灯火万家弦”的诗句。

无论是新年贺岁，还是重大活动，都有广东音乐的“身影”：《彩云追月》曾跟着神舟六号“上天”，丰富了两名航天员的太空生活；《步步高》曾在 2008 年北京奥运会的开幕式上伴随着各国运动员代表队入场……

广东高胡第三代传人余其伟是当代广东音乐的领军人物。音乐界评论余其伟的演奏“开拓了中国高胡艺术的新格局”。由他领衔的余其伟广东音乐演奏组是艺术水准很高的广东音乐

“五架头”组合，近 40 年来演奏组足迹遍布海内外。

广东音乐不断取得新成就。1995 年举行了第 1 届广东音乐创作大赛，至 2024 年共举办 7 届，优秀作品不断涌现。这些作品既保留了广东音乐的传统旋法特征，在曲式结构及和声布局上又颇具新意。

2006 年，广东歌舞剧院民族乐团推出了广东音乐《岭南变奏》，大胆起用北方新生代作曲家，重新解读岭南音乐传统，结合交响乐、爵士乐的技法和节奏，对广东音乐和潮乐名曲进行融合，使其表现力更为丰富，从侧面展示了广东音乐的包容、创新。

^ 《平湖秋月》演出照（广东音乐曲艺团供图）

新腔与古调珠璧交辉

第五章·第四节

前卫与传统融合

新技术、多元审美、创新艺术使广东音乐的发展之路更广阔。新腔与古调共存，前卫与传统融合——音乐人正在不断探索守正创新的道路。

近年来，国乐艺术家方锦龙成了国乐“顶流”。2019 年视频网站哔哩哔哩组织的跨年晚会上，方锦龙单枪匹马与著名音乐人赵兆指挥的百人乐团“斗乐”，曲目纵贯古今、横跨东西，既有名曲，又有电子游戏配乐。方锦龙使用多种中西方乐器，甚至拍着脸皮演奏，让观者叹为观止，“壮哉我大国乐”“老爷子太厉害了”。

方锦龙在传统艺术和现代元素融合方面做了很多尝试，引领“国风”“国潮”。在他看来，“把广东音乐包装好，就是一种新的时尚”。

他回忆说，20 世纪 80 年代，他去欧洲演出，广东籍侨民希望他弹奏广东音乐名曲《平湖秋月》，他不会弹，问去哪里学，对方告诉他去广州，于是他毅然南下。从此，安徽人方锦龙在岭南扎根。

“沙湾何氏几代音乐家的创作，往往信手拈来，从日常生活中找到灵感，挖掘题材，这是很值得我学习的。”他说，“20 世纪 30 年代，广东音乐‘四大天王’勇于吸纳西洋音乐，并进行巧妙融合，这种‘无论西东、包容革新’的精神对我也非常有启发。”

广东音乐发展到现在，合奏最常用的是“五架头”。方锦龙自从复制了五弦琵琶之后，一直用五弦琵琶演奏广东音乐。“广东音乐鼻祖何博众当年就以琵琶为主要乐器，尤其是他的‘十指琵琶’绝技，技法灵活、指法创新、变化多端，非常了不起。可惜后来这种技法失传了。我正在研究‘十指琵琶’技法，希望能够恢复和继承。”方锦龙说。

在传承、创新的道路上，有方锦龙这样的“60后”国乐“顶流”，也有余乐夫这样广东音乐、摇滚双栖的“80后”高胡演奏家。

余乐夫是高胡大师余其伟之子，十六七岁时爱上了摇滚。后来，他逐渐发现，“有种微妙感觉，只有民乐能给”。2003年，余乐夫携手吴迪、李志成、郎平、童绍民4位热爱广东音乐的演奏家，创立了南亭会粤乐团。如今，南亭会粤乐团已成为广东音乐演奏组合的“天团”，被认为是新一代的广东音乐继承者。

作为乐团的艺术指导，余乐夫表示：“我们只做一道菜——本土广东音乐。我们从大学组团直到现在，对这片土地无比热爱，因此很努力地为这片土地上的艺术留下一些成果，哪怕只有一点。当我们用心感受来自全世界的精彩，就具备了把广东音乐‘玩’得更讲究的条件。”

年届七旬的音乐人类学研究专家、星海音乐学院教授周凯模从事相关研究已有40年。她说：“传统不是僵死的事物，音乐文化是活态的，它必然一直流动。就像江河，碰到一座山，它要转个弯；碰到一条沟，它要往下沉，然后不断汇合其他支流，一直向前走。同样是广东音乐，余乐夫和当年吕文成所做的显然不同，但内在的‘乐脉’一直在那里。”

广东音乐后继有人

行走在沙湾古镇，街头巷尾不时传来婉转的乐曲声，这是街坊邻里组织的私伙局（流行于粤语地区民间自发性表演粤曲的组织）在开唱。在沙湾古镇，何滋浦、张锦威这两位一老一少的广东音乐传承人，有他们的故事。

据悉，改革开放以来，沙湾镇将传统广东音乐发扬光大，沿用广东音乐大师何柳堂之名，成立了柳堂乐社，推动全镇的广东音乐、曲艺活动。沙湾有先后自发组成并恒常开展活动的私伙局、群众音乐团体近10个，公开展演及参与各级比赛，其中有沙湾广东音乐研习社、翠园乐社、青萝乐坊等，各个学校还组建了少年民乐队等，传承广东音乐“典雅派”的优良传统。

何滋浦是地道的沙湾人，曾在育才小学教授民乐多年。他成立了广东音乐研习社，将来自育才小学民乐队的学生组织起来。每个星期五，他们都会聚集在三稔厅，组织音乐私伙局活动。

作为非遗代表性项目沙湾何氏广东音乐的市级代表性传承人，何滋浦常把沙湾的音乐比作一株大树。“沙湾的音乐有盎然的生长力，也有柔弱的一面，因此要用心培养下一代。当他们长大之后，年轻人也可以撑得起沙湾的音乐。”

“我父亲擅长广东音乐，精通多种民族乐器，还会制作乐器。小时候，父亲每天晚上都会邀请朋友一起来家里演奏广东音乐。”青萝乐坊创始人张锦威这样回忆儿时对广东音乐的记忆。

2015年，7名沙湾本地年轻人自发组成了专门演奏、练习和研究广东音乐的小型乐团——青萝乐坊。这些年轻人或是“80后”，或是“90后”，且都在儿时参加过民乐团，学习过演奏广东音乐。乐坊成立后，张锦威担负起了传承人的责任，走进多所学校，教授广东音乐。青萝乐坊的所有乐器、道具和演出服都是乐队成员凑钱购买的，没有任何资助。“乐坊成员从事不同的职业，每个人虽然都很忙，但每次都会准时出现在排练现场，这背后是对广东音乐的热爱与责任感。”张锦威表示。

“传承广东音乐，沙湾后继有人”，这是张锦威的微信个性签名，也是他的追求。“要到全国舞台、世界舞台上去演奏沙湾的音乐。”

∧ 沙湾广东音乐馆（骆昌威摄）

^ 《彩云追月》演出照（广东音乐曲艺团供图）

^ 《得闲饮茶》剧照（苏俊杰摄）

平民意识　俗世感情

到底是什么孕育了广东音乐的神韵？高胡名家余其伟用“平民意识，俗世感情”来概括广东音乐的文化品格和美学特征。“广东音乐较少像中原文化、北方音乐那样深厚苍凉，多写津津有味的生活小景、花鸟虫鱼、个人情怀、自然风光、风土人情，所以它亲民、亲切、通俗、朗朗上口，比如《步步高》，全世界都懂。”余其伟说。

广东音乐的题材多源于现实生活，人们将对生活的感悟借助音乐表达出来，而对自然景物的描写，也都带有浓郁的地方色彩，流露出自然活泼的生活情趣。比如，《雨打芭蕉》描绘初夏时节雨滴敲打蕉叶的情景，堪称岭南情趣的初期代表；《赛龙夺锦》取材于端午节水乡赛龙舟紧张、激烈的场面，表现了劳动人民勇敢豪放、奋发向上的精神面貌；《孔雀开屏》描写孔雀姿态华美、色彩绚丽的开屏过程，营造一种祥和幸福的气氛，生机盎然……广东音乐融入了社会生活的各个层面，多姿多彩地展现了平民情感。

广东音乐是一种乐曲标题与内容表达完全吻合的标题音乐。粤曲旋律很强调调性和音程的协和，曲调优美动听，擅长抒情，又容易记忆。在乐曲结构上，广东音乐以简驭繁，主题思想突出，表现方法多样。因此，广东音乐作品大多短小精悍，自由舒展。

比如，《彩云追月》小巧精致，用弦管合鸣表达浩瀚夜空中云彩的悠然自得、从容不迫，间杂木鱼、吊钹衬托夜空的寂寥空旷，用乐器间应答式的对话突出“追”字，仿佛云月嬉戏，赋予曲目动感，意趣盎然。

广东音乐灵动的情调，透露出广府人怡然自得的生活态度，又体现海洋文明之开放兼容。

上海音乐学院萧梅教授曾表示，广东音乐具有“内生的现代性”。孕育于近代中国，与城市发展并进，广东音乐蕴含的世俗精神、审美趣味和变革意识，在某种程度上是与生俱来的。故广东音乐的艺术形态，不论内容、形式还是创作主体，都呈现出有别于其他传统乐种的现代特征。

^ “80 后”高胡演奏家余乐夫（星海音乐厅供图）

广东音乐：流行于珠江三角洲、北江流域、西江流域等地的一种民间器乐形式。因广东还有潮州音乐、客家汉乐等其他民间乐种，因此，广东音乐仅指一种特定的狭义性质的器乐合奏形式。

广东音乐乐器：以高胡为主奏乐器，加上扬琴、秦琴、洞箫、椰胡，称为“五架头”。

20 世纪 30 年代以后，用西洋乐器演奏广东音乐的表演方式开始盛行。据统计，广东音乐曾经使用过的西洋乐器包括小提琴、萨克斯、木琴、吉他、小号、钢琴、爵士鼓等，有 40 余种。

广东音乐风格：轻巧、柔美、华丽、细腻、浓郁，哀而不伤，乐而不淫；旋律优美、节奏清晰、悠扬动听。

广东音乐十大名曲：《旱天雷》《赛龙夺锦》《雨打芭蕉》《步步高》《平湖秋月》《孔雀开屏》《小桃红》《双声恨》《鸟投林》《彩云追月》。

∧《巴山之舞》演出照（广东音乐曲艺团供图）

第六章 岭南画派映时代

文一 李巧蓉 刘幸

丹青笔墨映时代，家国情怀画中融。

风云激荡的20世纪初，在得风气之先的岭南，被称为“岭南三杰”的高剑父、高奇峰、陈树人（“二高一陈”），勇于创新，开拓出创作题材广泛、现实关怀深刻、表现手法多样的“新国画”，将岭南画派推向了主流画坛。合称“岭南四家”的岭南画派第二代传人赵少昂、黎雄才、关山月、杨善深将岭南画派推向新的高峰并传播到世界各地。直到今天，尽管岭南画派的画风虽发生了很大的变化，但“二高一陈”提出的革新理念仍旧长盛不衰，并深远地影响了画坛。

传承发扬、创新求变的岭南画派精神让一代代岭南画人保持着源源不断的创作活力。岭南画派因此也成为世人洞察岭南文化开放包容、勇于创新的窗口。

兼容并包孕育广东绘画新风

十香园：岭南画派摇篮

在海珠区怀德大街，古色古香的岭南庭院十香园隐于闹市。一百多年前，两位仙风道骨的花鸟画家——居巢、居廉（“二居”）在此习画悟道。居廉还在此设馆授徒，有入室弟子五六十人，曾到此游学者近百人。岭南画派的创始人高剑父、陈树人等人均为居廉学生，这里成为名副其实的“岭南画派的摇篮”。

居氏兄弟在十香园里种了素馨、瑞香、夜来香、鹰爪、茉莉、夜合、珠兰、君子兰、白兰、含笑十种花木，庭院常年香气四溢，也方便了画家们写生。十香园的习艺、写生生活深刻影响了当时还是学生的高剑父、陈树人等人。走出十香园后，高剑父、陈树人与高奇峰一起创立新的画派，最重要的理论主张之一就是：作画要贴近生活、没有写生就没有创作。

“一个艺术流派的形成，与所处时代的社会环境和地理环境息息相关，岭南画派亦是如此。”岭南画派纪念馆原常务副馆长韦承红说。

自古以来，广州人一直以兼容并包的胸怀接受各种新事物。本土成长的艺术、远来的中原艺术和近代传入的海外艺术共同孕育出广东绘画新风。

回溯广东绘画史，明代的广东画家林良擅长水墨写意花鸟画，笔墨简括劲挺、豪纵爽辣，在当时崇尚艳丽工巧的宫廷画风中独树一帜，开岭南新风。18 世纪后期至 19 世纪前期，广东出现对绘画革新卓有成绩的画家黎简和谢兰生，他们将具有本地特色的岭南风光入画；广东画家苏六朋、苏仁山着意描写民间生活和市井风俗；清代广东画家罗清则在中国传统水墨画动感和丰富的墨色基础上，以描写岭南风物为主，开辟出表现家乡风貌的全新风格。这些前人对后来岭南画派的画家们有着很大的影响。

在学习前人的基础上，“二居”受到来广东教习的江苏花鸟画家孟丽堂、宋光宝等的影响，重视实地观察和实物写生，创造性地运用撞粉、撞水等没骨花鸟画法，描绘岭南风物，形成“居派”画风。

“二居”的画风一方面继承了中国传统绘画的精髓，另一方面还吸收了西方绘画的优秀特长。“广东是近代最早接受西方文明影响的地区。广州城市繁华，商贾云集。商业贸易不只是物的流动，更是人的流动；不只是商品的流动，也有文化的流动。”韦承红表示。

当时，世界各地的商贸活动通过海上丝绸之路集中交汇于广州。特殊的地理人文环境加上商业贸易的繁荣带来了文化艺术的频繁交流。“二居”生活的时代，广州外销画市场十分繁荣，加上居廉本人与富绅、名流、文士交流频繁，彼时最风光的十三行行商潘、卢、伍、叶四大家族家中都收藏了不少中外名画，经常邀请“二居”雅集，这也为他们接触西方绘画提供了条件。

折衷中西　融汇古今

广州作为中国民主革命策源地，岭南画家也受到了革旧鼎新的革命思潮影响。革命精神是岭南画派的思想基础。这种革命精神又和岭南画派创始人的特殊经历和思想倾向分不开，“二高一陈”希望通过革命来改变当时的社会，也希望革故鼎新传统中国画。

20世纪初，“二高一陈”相继游学日本，新的人生体验将他们推上了新的艺术征程。他们深刻感到，传统国画的笔墨程式已无法承载时代需求，必须“吸收各国古今绘画之特长”，方能造就“现代绘画的新生命”。

1908年，萌生了要“折衷”新国画艺术理念的高剑父以“新国画”投石问路，在广州举办首次个人画展。高剑父、高奇峰、陈树人等进而提出了“折衷中西”“融汇古今”的绘画主张并身体力行，创立了后来与京派、海派并称“中国画坛三大流派”的岭南画派。

∧ 居巢《龙舟竞渡图》［广州艺术博物院（广州美术馆）供图］

^ 居巢《荔熟蝉鸣》［广州艺术博物院（广州美术馆）供图］

^ 居廉《采花归》［广州艺术博物院（广州美术馆）供图］

岭南画派闻名画坛

“岭南三杰”创岭南画派

“新国画”是一种具有现代意识和崭新风格的中国画。高剑父曾如此解释：“吾择（中西绘画）两途之极端，合炉而冶，折而衷之，以我国之古笔，写西洋之新意。夫中国画之妙在用笔、思想、结构、气韵，西洋画之长在形似、远近、用色，以彼之长，补我不足，而成一有笔墨气韵之洋画，即有形似、远近之中国画。”他将西方绘画的写实观念与风格融入居派风格中，又保留了传统中国画以线造型、注重笔墨趣味的特点。

“和现实生活有关的，方才是有价值的艺术。”将“艺术大众化”视为革命目标，传统文人画的“山林逸气”对高剑父来说已显得不合时宜。高剑父尝试将现代事物如飞机、汽车等引入中国画中。他还特意乘机翱翔，在空中写生。高剑父的《东战场的烈焰》堪称其“艺术革命”具体、勇猛的实践。该画以1932年一·二八事变中被日军炸毁后的上海闸北东方图书馆景象入画：画面上烈焰冲天，火光熊熊，遍地断壁残垣，令人触目惊心。《东战场的烈焰》直接让时局大事进入中国画，可谓开艺术革命之先河。

在艺术实践上，“二高一陈”继承“二居”的艺术主张，沿用没骨法和撞水法、撞粉法，融汇中西方绘画的特长，创造出一批批富含地方特色和时代精神的艺术作品。

高奇峰的作品无论是走兽、花鸟还是山水题材画，皆注重写生传神、敷色润泽。比如画马的方法与传统中国画不同，他吸取了西方艺术写生法和几何、光影、远近等技法，从而创造出了既写实又传统的现代美术作品，他笔下的马，雄健与俊美兼具且不失神韵。

陈树人的作品清微淡远、简洁清新。他擅长诗文创作，常以诗入画，营造意境，抒发情怀。他创作了大量以讴歌自然美为主旨的山水画、花鸟画。红棉是陈树人最喜爱的表现主题，陈树人赋诗礼赞它“高标翘出东岭松，劲节远超南涧竹。忽烧万炬烛天红，造物谁不惊天公”。

∧ 高奇峰《秋鹰图》［广州艺术博物院（广州美术馆）供图］

^ 高剑父《东战场的烈焰》［广州艺术博物院（广州美术馆）供图］

岭南艺术新风吹遍全国

韦承红表示："岭南画派从未局限于岭南一隅，它更像一种思潮，影响远远超越了地域和时空的限制。"

1912 年，高氏兄弟创办了《真相画报》，丰富的内容与精美的印刷，堪称当时国内画报的最高水平。虽然《真相画报》只出版了 17 期，但高剑父、高奇峰、陈树人等人在《真相画报》刊图著文，展现岭南画派的艺术主张，使之成为岭南画派早期的宣传阵地。二十世纪二三十年代，"二高一陈"等岭南画派画家频频出席上海、南京的美术活动，声誉日隆。1929 年，高剑父的画作《江关萧瑟》《绝代名姝》获在比利时举办的世界博览会"最高艺术纪录"名誉奖，弟子方人定的作品亦获金牌奖。高奇峰所作的《山高水长》于 1931 年在比利时万国博览会上令各国画家折服，一时享誉国际。同年，陈树人的作品《岭南春色》在比利时万国博览会上荣获最优等奖。

"二高一陈"经过多年辛勤耕耘，成功地将画派影响力推向长江流域乃至全国。1934 年，刘海粟在《中国画之特点及各画派之源流》中对岭南画派有这样的评价："折衷派阴阳变幻，显然逼真，更注意写生，此派作家多产于广东，又称岭南派。陈树人、高奇峰、高剑父号称三杰。"这是对岭南画派的简要总结。

^ 陈树人《红棉》[广州艺术博物院（广州美术馆）供图]

在革新中走向高峰

第六章 · 第三节

经典作品代表20世纪中国画成就

在广州象岗山南麓、解放北路与盘福路交界处，坐落着高剑父纪念馆。此地原是一间依山而筑的大屋，当时为朱紫街87号，是岭南画派创始人之一高剑父聚徒讲学之所——春睡画院所在地。画院故址如今挂的是“高剑父纪念馆”的牌子。按原状复原的“春睡画院”被“搬到”了该楼的天台。

“大梦谁先觉？平生我自知。草堂春睡足，窗外日迟迟。”这是罗贯中《三国演义》中诸葛亮所吟之诗。1923年，高剑父将其创办的美术教育机构命名为“春睡画院”，以此为大本营致力于培养艺术革命的新生力量。春睡画院走出了不少艺术大家，如关山月、黎雄才、方人定、司徒奇、杨之光等。

关山月、黎雄才作为岭南画派第二代的领军人物，新中国成立后，他们尝试努力突破传统丹青程式，通过艺术创作建构与新的时代、新的生活紧密联结的笔墨语言。

关山月主张“笔墨当随时代”，其一生的艺术创作也总是与时代共振。从20世纪50年代中期开始，他多次到农村、工厂、建设工地体验生活，他的画题也在不断推陈出新：苍翠的山野、横跨两岸的水闸、盘山道上的小汽车、郁郁葱葱的防风林带……《新开发的公路》《绿色长城》等作品堪称其中典范，与傅抱石合作的《江山如此多娇》则更是广为人知。

关怡所写的《挥笔颂山河：关山月小传》中记录了《江山如此多娇》的创作故事。

1959年4月底，国务院办公厅将关山月从欧洲召回北京，通知他和当时任南京国画院筹委会委员的傅抱石为北京十大建筑之一的人民大会堂合作巨画《江山如此多娇》，创作内容取自毛主席的《沁园春·雪》词意。关山月和傅抱石在创作期间被安排住在北京东方饭店，二楼的会议厅变成了他们的画室，由荣宝斋特制了一米多长的大笔和排笔，并用五六个大号的盆作为调色盆。周恩来总理、陈毅副总理、郭沫若先生多次指导、启发画家的创作思路。关山月和傅抱石夜以继日地创作，1959年9月29日晚上，大画《江山如此多娇》装裱完毕，赶在新中国成立十周年盛典之前悬挂在新落成的人民大会堂北大厅。《江山如此多娇》的前景松树和远景的长城雪山是关山月画的，而大河上下的流水瀑布和山岩由傅抱石完成，保留了南北方的风格，并达到了最佳效果。这幅巨作以新的视野和角度使中国山水画的境界呈现达到一个前所未有的审美高度，直接影响了20世纪下半叶的中国山水画。

韦承红认为，关山月并不局限于小圈子和地域性的文化，实际上他一生都在追求变化。这也正是岭南画派人对艺术的追求，他们并不满足于打造一个地域性的画派，追求的是不断地变革和创作具有时代性的作品。

黎雄才成功地创造了新的中国山水画表现模式，成就了名垂史册的"黎家山水"。中国美术馆研究员、广州美术学院博士生导师梁江认为："黎雄才从南宋笔墨与横山大观的光影色彩效应中起步，寻觅到了一种吻合个性的语言方式。造型工写结合，笔法雄秀相宜，设色清雅明快，这很能代表岭南画派尤其岭南山水的特色。”

长达 28 米的《武汉防汛图卷》，是 1954 年夏任职武汉中南美术专科学校的黎雄才投身长江洪灾防汛抢险工程前线后，在大量写生稿的基础上历时一年多创作而成的。据当时在中南美术专科学校学习的陈金章回忆：“黎雄才先生在一个多月内，骑着自行车奔走在防洪大堤上，每天忘我地画速写和在长卷里画构图……”作品运用了山水画长卷形式，场面恢宏，内容繁复，绵延数百里的抗洪防汛叙事一段段铺陈推移，赢得了“抗洪史诗”之誉。

^ 关山月《长河颂》［广州艺术博物院（广州美术馆）供图］

∧ 黎雄才《秋江放筏图》［广州艺术博物院（广州美术馆）供图］

关山月、黎雄才不仅用画笔开创了20世纪中国画的新格局，而且他们与杨之光等在广州美院开创的中国画教学法独具特色，影响广泛，让广东成为中国画发展较繁荣、成果较丰硕的区域之一。据统计，广州美术学院中国画学院从1953年至今，已经培养了2200余名中国画本科生和研究生。

正如梁江所说："关山月、黎雄才的意义，在于继承与拓展了岭南画派艺术，以富于个性特色的笔墨语言丰富了20世纪中国画的表现力，创作了代表20世纪中国画成就的经典作品，同时为新美术教育体系提供了新鲜而重要的经验。"

岭南艺术之花开遍世界

"若论'岭南画派'当今在海外的影响，赵少昂、杨善深厥功至伟。"梁江说。

在今天的广州二沙岛广东省二沙体育训练中心，藏有一座亭式外形的二层旧楼。其北门外墙一侧嵌有云石牌，上为关山月题写的"天风楼"三字。这里就是岭南画派创始人之一高奇峰的故居，高奇峰在这里培养出了赵少昂、黄少强等著名的"天风七子"。

将"天风"一脉发扬光大的，当数"天风七子"中最年轻的赵少昂。作为岭南画派第二代传人，赵少昂被徐悲鸿誉为"中国现代花鸟第一人"。他把"二居"的撞水、撞粉诸法和高奇峰的长处传承并发扬，融入英式水彩的技法，开创了一笔沾调数色的“绝活”。赵少昂在海外多次举办画展，将岭南画派的海外影响力推到了新的高度。不仅如此，1948 年他迁居香港后，培养了大批的美术人才，他的学生几乎遍布世界各地，使岭南艺术之花开遍世界。

让岭南画派在海外声名远播的还有杨善深。杨善深师承高剑父，并从古今中外绘画中吸取精华，融会贯通，独辟蹊径。其绘画题材广泛，走兽家畜、花鸟翎毛、山水人物等均有极高造诣，尤其是他的花鸟画，更是独具一格。杨善深 1970 年在香港创立春风画会，传授画艺，并在新加坡、美国、加拿大、日本等多地举办个展。

正是得益于赵少昂、杨善深的开馆授徒和办展，岭南画派在海外影响巨大，堪称海外传播最广泛的一个中国画派，以岭南画派作品为展陈主体的美术馆、纪念馆，是所有中国画派中最多的，就连美国旧金山都有岭南画派赵少昂等人的纪念馆。2018 年、2019 年，广州高剑父纪念馆曾两次举办世界各地的岭南画派画家“回家”展，海内外画家从世界各地赶到岭南画派的发源地广州响应活动，传为佳话。

^ 杨善深《双牛图》［广州艺术博物院（广州美术馆）供图］

^ 赵少昂《碧水净无尘》［广州艺术博物院（广州美术馆）供图］

传承开拓枝叶茂

第六章·第四节

创新成就群星璀璨

岭南画派之所以能不断发展壮大，就是有创新精神作为其原动力。“岭南三杰”“岭南四家”风格各异、各有创新。他们的后辈杨之光、陈金章、梁世雄、林墉、王玉珏等画家，也各有特色，成就了岭南画派画坛的群星璀璨。

谈到岭南画派前辈，陈金章表示：“回头看，老师留给我的不是技法，而是教我怎么对着生活去画画，这个道理并不容易悟出来。”陈金章创作了《枣园春》《秋声》《南方的森林》《报春图》等优秀作品。他的创作也不断创新，如《报春图》就开创了岭南画派画木棉的新手法，将传统上被视为花鸟题材的木棉引入国画山水创作题材。

2004 年，陈金章奉关山月、黎雄才两位老师所托，为广州创作一幅主题为“春到岭南”的国画，希望他以山水红棉的表现方式来完成这幅画。于是，从迎宾馆到越秀山，从中山纪念堂到人民公园、鲁迅纪念馆，陈金章一路观察、研究、写生、构草图。一个月后，陈金章完成了《珠江春晓》的创作，继而以此为基础完成了《报春图》。灿如朝霞的红棉、晓雾初散的岭南远山，飞鸟、山峰、白雾……《报春图》展现了早春羊城的生机勃勃，歌颂了广州包容、进取、向上的城市气质。

梁世雄跟随关山月、黎雄才两位老师多年。他是最早一批走进西藏的山水画家之一，雪域高原与浩瀚荒漠是传统中国山水画罕见的题材，梁世雄也因此开拓创新了岭南山水画的创作实践。

作为岭南画派一员，虽然没有画过“鸿篇巨制”，王玉珏的作品一样让人感受到浓厚的地域特色和时代气息。20 世纪 80 年代，王玉珏的《卖花姑娘》获得第六届中国美展银奖。“当时我到顺德一个农场采风，在花场里看到姑娘们骑着自行车去送花，那种带着希望、带着笑意，如春风扑面而来的韵味瞬间就‘抓’住了我。”最初她用宣纸、用绢来画，但都画不出她想要的效果，于是她另辟蹊径，买了“的确良”布来画，画作受到了关山月的称赞。

^ 陈金章《报春图》（陈金章供图）

^ 王玉珏《卖花姑娘》（王玉珏供图）

引入新视角

到今天，传承岭南画派精神的岭南画人继续传承与开拓，为中国画坛提供了新视角。

岭南画派纪念馆馆长李劲堃，师从黎雄才、陈金章、梁世雄等岭南画派名家，专攻唐宋山水画研究。在经年累月的耕耘中，李劲堃创造了属于自己的独特画风；同时，他提出的“直面当代，立中研西，以古为鉴”，被认为是岭南画派艺术精神一脉相承的当代艺术理念。

李劲堃带领青年画家莫菲、林杨杰、黄涛一起创作的《盛世珠江》体现了这一理念。作品描绘从白鹅潭起贯穿整个广州城区、一直延伸到南沙的出海口这条珠江流域的主线。李劲堃带领的三位“80 后”青年画家的研习方向都不一样，经过多次讨论，他们选择了以所学的山水画知识作为基础，使用勾、皴、点、染、积为主要的绘画手段，融入对当代艺术的理解，运用综合的美术知识进行绘画语言重构，让画面既具有传统中国画的美学特点，又具有时代的印记，同时还能反映出新的中国精神。“这件作品既是将广州作为改革开放 40 多年中国当代城市的象征来表现，也是我们探索如何用传统国画表现现代城市面貌的一次创新尝试。”李劲堃说。

在广东省美术家协会主席、花鸟画名家林蓝的画室一隅，挂着“二居”所作的写生花鸟。日常创作之余，林蓝总会细细观摩前辈们的作品，从中获得滋养。在她看来，当代岭南画学可以从求真、求新、求美三个方面来解读，一是“求真”，即在内容、题材上注重写“生”，广府文化包含务实的城市品格，这种精神表现在美术风格上，便是岭南中国画更倾向于写生——写人间烟火的生、生机勃勃的生；二是“求新”，即在形式、技法上注重纳新，洋为中用，古为今用，吸收古今东西绘画技术、手法，为“我”所用；三是“求美”，即注重雅俗共赏。

用岭南画派名家陈永锵的话来说，岭南画派的特点就是岭南文化的特点，即开放包容、务实创新。也正是因为如此，岭南画派创立至今已经过百年，仍能保持充沛的生命活力，薪火相传，叶茂枝繁。

∧ 林蓝《春天》（林蓝供图）

∧ 陈永锵《雄姿英发　豪气纵横》（陈永锵供图）

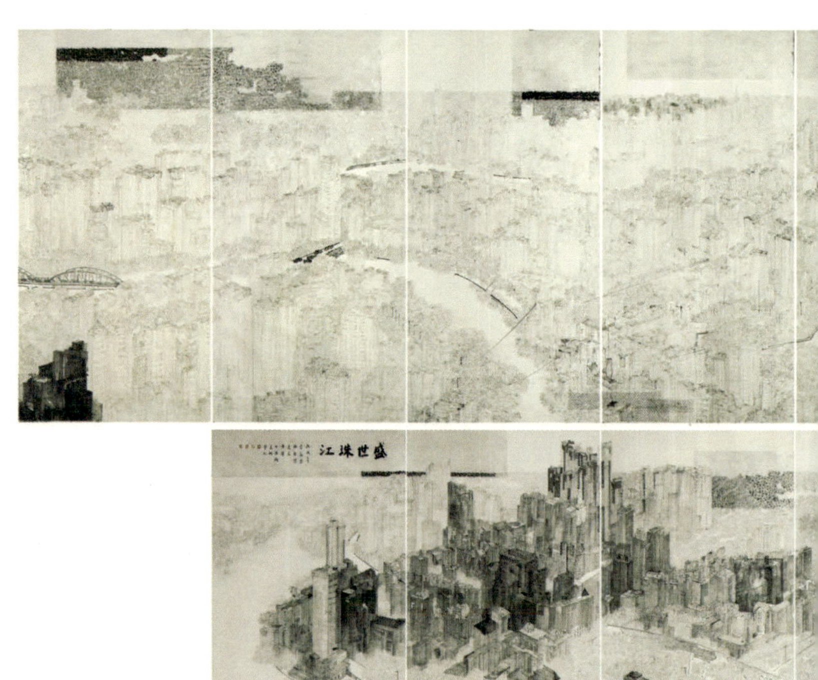

∧ 李劲堃、莫菲、林杨杰、黄涛《盛世珠江》（李劲堃供图）

第七章 广州牙雕巧夺天工

文一倪明

镂雕拼镶玲珑剔透，广州牙雕巧夺天工。

象牙雕刻（简称“牙雕”）被列入第一批国家级非物质文化遗产名录。有“仙工”之誉的广州牙雕，又称“广式牙雕”或“南派牙雕”，已有2000多年历史，始自汉唐，盛于明清。经过匠人代代传承创新，广州牙雕以镂雕、镶拼技法闻名，与北京牙雕、江南牙雕形成中国三大牙雕流派。北京故宫博物院所藏的牙雕珍品中，以广州牙雕名师所造为最。

广州牙雕的发展，与古代广州对外贸易的繁荣密不可分，不仅象牙材料绝大部分靠进口，且牙雕制品也大量外销。从1989年起，联合国禁止象牙贸易。广州牙雕工匠守正创新，以猛犸牙或牛骨为材料，传承镂雕、镶嵌等技法，延续这一优秀传统工艺。

两千多年前已有牙雕工艺

唐代广州被誉为“关口象牙堆”

早在西汉年间，广州就有牙雕工艺，西汉南越王墓遗址就出土过牙雕文物。考古学家还在遗址中发掘出了5支象牙，经专家鉴定，这些象牙来自非洲。

虽然早在秦朝时期，中国人就有能力进行远航贸易，海上丝绸之路早已存在，却不足以充分解释秦朝中国人能远航非洲进行贸易。毕竟，从非洲到中国需要航行数万里，一路充满艰险，以秦朝当时造船技术和远航能力而言，几乎不可能直航，且史书也没有相关记载。就南越国宫署遗址下发现的秦代造船遗址，专家研究得出结论：以当时的条件可造出宽8米、长30米、载重五六十吨的木船，显然无法直航非洲。既然如此，南越王墓中的非洲象牙又是如何来到中国的呢？根据墓中出土的象牙、银盒、香料等舶来品，有学者猜测，象牙或许是从非洲运到了波斯，再由波斯商人运到了南越国。

汉武帝平定南越后，派出使者沿着百越民间开辟的航线，从广州出发，带领船队远航印度洋。他们用丝绸和黄金，从南亚、东南亚各国换回明珠、象牙等奇珍。

魏晋南北朝时期，也就是3—6世纪，广州成了国内最重要的对外贸易港口。中国的商船从广州启航，把丝织品、陶瓷输往国外；外国商船则把金、银、象牙、沉香等经广州带到中国。

唐代的广州，海上贸易更为发达，开辟了世界最长的“广州通海夷道”。象牙以其莹润的光泽、细腻的质地，为人们所喜爱和推崇，沿着海上通道大量运抵广州，唐代的广州故而有了“关口象牙堆”之称。本土象牙工匠近水楼台先得月，发明了象牙席，同时还用象牙刻制印章，制造文具、梳具、花瓶等各种珍品，进贡皇室。唐朝五品以上官员用的笏板都是用象牙制成的。

今北京路与惠福路交会处在唐代是临江商业区，来自波斯、暹罗等古国的商船顺风而至，今光塔路一带成为进出口贸易繁华之地，设有外商居住的“蕃坊”和“蕃市”。每年夏季，各国商船装载着香药、珍珠、琥珀、玳瑁、玻璃、犀角、象牙等，乘着东南季风漂洋过海，来到广州。然后，各国商人在官方划定的市舶区进行交易。等到东北季风吹起，商船才扬帆而去。

宋代工匠已创制象牙球

宋元时期，广州通过海上通道进口的象牙日益增多。繁华的西澳码头（位于今海珠中路）是广州对外贸易的重要内港码头，瓷器、丝绸、象牙等是这里常见的深受欢迎的产品。

南宋绍兴元年（1131 年），阿拉伯商人蒲亚里以贡使身份给广州带来了“大象牙二百九十株，大犀三十五株”，按照当时的市价，象牙每根大约值五百贯，大犀牛牙每根值二三十贯，这批货物的价值高达十五万贯（铜钱），比当时泉州港全年的市舶收入还多。当时，象牙归官府统购，外商不能私自在市场交易。

广州市舶司耗时三年，才凑足钱付给了蒲亚里。

也是在宋代，广州牙雕工匠首创了玲珑剔透的镂空通雕的技法，制成了镂空两层、皆可转动的象牙球。而大量的象牙筷子、象牙饰品等也开始进入民间。

∧ 象牙球是镂雕技艺的代表作，是将一块完整的象牙料巧妙地镂空成层层相套的球体，被誉为“鬼工球”（广州十三行博物馆供图）

明清广州牙雕珍品畅销全球

明代，珠江岸边（今大德路与惠福路之间）逐渐形成了一个象牙加工、交易的市场，从如今存在的象牙一巷至象牙四巷及象牙北街来看，当年的市场规模的确很大，不愧“香珠犀象如山，花鸟如海”的美誉。

清代是我国牙雕的鼎盛时期，广州牙雕也迎来高光时刻。大新街沿路及附近的三府前、玉子巷等地形成了一个象牙雕刻业经营和生产作坊的集中地，成为闻名中外的象牙街。三米宽、近百米长的大新街被大大小小的象牙雕刻店占得满满当当。《广州城坊志》记载：“五羊大新街及西关一带（即象牙巷一带），……其售象牙屑者，牌板书曰：‘象牙糠。’‘糠’字形象入妙。”乾隆二十二年后，大量外商聚集于广州口岸。这里精巧绝伦的牙雕工艺品让外商叹为观止，牙雕成为他们首选的回国手信。广州牙雕工艺渐渐形成了纵深透彻、纤细精美、精巧玲珑的特点。到了民国时期，大新象牙街有 200 多间以牙雕为业的象牙铺。

清代，广州牙雕的艺术风格渐渐成为宫廷牙雕工艺的主流。当时，若无官方准许，工匠绝不可以在作品上留下名款。但据清宫档案记载，从雍正至咸丰年间，宫廷中留有名字的广州牙雕艺人就有 15 名之多。北京故宫博物院所藏的象牙雕刻珍品中，以广州工匠的作品为最。相传，法国皇帝拿破仑被放逐圣赫勒拿岛时，还曾专门差人到广州定制了一副象牙国际象棋。

清末民初，广州牙雕业尤为繁荣。牙雕工匠手执简易刻刀，不停踏着人工造的风轮，裁料、钻孔、雕刻、打磨，忙得不舍昼夜，为的是早日制成得意之作，从“老蕃”（外商）那儿换回更多的银两。也有一些外商会对牙雕饰品诸多挑剔，本土工匠总是笑脸相迎。当时，象牙街上每天挤满了前来购买牙雕的货商。他们逐店挑选，讨价还价，即使生意不成，本地商人也会客客气气地把客人介绍给另一家。

二十世纪二三十年代，广州牙雕名匠冯公侠经过持续艰苦的努力，终于在一粒象牙米上刻上 154 字的孙中山遗嘱，字体工整遒劲、章法整齐，在当时引起轰动，他因此获得“神眼”美誉，被视为广州象牙微雕艺术的奠基人。

^ 清代牙雕人物彩绘带柄圆镜（广州十三行博物馆供图）

^ 牙雕《御宝龙舟》（复制品），原件为慈禧太后40岁寿辰时广州进贡的象牙龙船，广州博物馆藏（超群象牙世家供图）

^ 未完成的象牙球［广州市大新文化创意发展有限公司（原广州市大新象牙工艺厂）供图］

两大独门绝技：镂空与拼镶

第七章·第二节

牙雕师靠触觉与听觉控刀

镂空与拼镶，是广州牙雕的两大独门绝技。

镂空雕刻，是“透”的艺术，是将刀具伸进材料内层甚至多层进行雕刻。牙片可以做到薄如纸，呈半透明状，镂空玲珑剔透，雕镌细如游丝。

广州镂雕技艺的代表作象牙球，其独特之处是将一块完整的象牙料巧妙地镂空成层层相套的球体，球体精巧剔透，且每层镂空雕刻不同的通透花纹图案，并能转动自如，被誉为“鬼工球”。

拼镶工艺也是广州牙雕的一大特色。多种构件拼镶而成的作品，要靠过硬的拼镶功夫化“接口”于无形，以达到“天衣无缝”。

一只上乘的牙船，要看整件作品的构图是否合理、是否具备美感，俗称是否“顺眼”；整船设计的高低起伏是否有呼应；船上的亭台楼阁、桥梁回廊布局是否恰当自然；桅杆、旗帜、罗伞、灯饰的搭配是否协调；刻画图案的繁简取舍、线条粗细的流畅和搭配是否美观、得当等。归根结底，数千件各种形态的构件镶嵌在一起，最要看“化口”的功夫。

宋代，广州工匠已能制作出内有两层、每层皆可转动的象牙球。清代以来，无论牙雕出口贸易、进贡宫廷或民间消费，广州都居全国之首。清代牙雕种类繁多，小到扇骨、笔筒，大到花卉盆景、山水人物、巨型龙舟等，均为文人雅士所爱。尤其在清代至民国初年，广州牙雕之多、技艺之精、做工之繁，在全国牙雕艺坛独领风骚一百多年，在国际上的影响也大大超过同期的江南牙雕和北京牙雕。

18世纪，英国来华使者马戛尔尼的秘书约翰·巴罗在《我看乾隆盛世》(原名《中国旅行记》)中感慨：“可以被视为至善至美的大约就是(广州)牙雕了。”他还写道：“号称工艺和制造技术摇篮的伯明翰，一直在试图用机器仿雕中国式的象牙扇和其他物品，……却至今也没有达到那种程度，其作品也无法跟中国产的竞争。”

1915年夏天，为庆祝巴拿马运河通航，美国旧金山举办巴拿马万国博览会。广州牙雕大师翁昭制作的25层象牙球代表中国参赛。日本参展作品则是一个30层的象牙球。二者大小相仿，表层雕刻与内部戳花各尽其妙，但日本的比中国的层数更多，人们都以为金奖非日本莫属。

究竟哪个更胜一筹？中国代表要求把两个牙球放到沸水里验证。一个戏剧性的场面出现了：日本象牙球顷刻四分五裂，原来这是用黏合剂粘的！而用整块象牙雕成的广州牙球则完好无损。翁昭的作品由此获奖。

57层镂空“鬼工球”

2010年上海世博会“广东周”，中国工艺美术大师李定宁的作品《盛世乾坤》—— 一只直径只有 17 厘米、多达 57 层的牙球，再次展示了广州牙雕技艺的登峰造极。“要让一个 20 层的牙球‘活’起来，至少得花费一年时间，每一步都是精工细作。”李定宁说。

据介绍，牙雕制作流程视雕刻作品类型而定，类型不同，则制作过程、雕刻技法不尽相同。以牙球为例，其制作分开料、打孔分层、雕刻和拉花等步骤。首先是取材，要挑选没有裂纹和缺损的象牙，截取中间实心部分，再把这部分加工成牙球，这叫锯牙开料。第二步是打孔分层，将牙球安置在特制的脚踏机上，机动球转，工匠手持钩刀，从里到外逐层镂雕。

制作牙球，最难的是打孔分层。分层要在球面打一些距离相当、大小适当的孔，然后再用特制的曲刀，将其镂空成一层灵活转动的球。刀钩伸进去后，工匠用肉眼很难看清刀的走向，手指也伸不进孔内，全凭传到手上震动的感觉和听到的声音来控制；象牙还有纤维纹，会带偏刀锋，也得依赖操作经验加以控制，稍有不慎，前功尽弃；最后，要将球内每层的厚度钩成 0.5 ～ 2 毫米，一层包一层，最底层的圆珠可能比绿豆还要小。分层后，工匠用特制的戳刀在牙球里面的每层套球上镂刻各种图案花纹，花纹的洞仅比针孔稍大，戳刀上的小齿要用放大镜才能看清楚。

最小刻刀比绣花针更细

“牙雕是一种减法雕刻艺术，牙雕制作工具有刮刀、锉刀、凿刀、戳刀等，最特别的工具是刮刀。牙雕被认为是靠刮的雕刻艺术，每一刀刮下去都考验艺人的功力。”国家级非物质文化遗产代表性项目象牙雕刻广州市级代表性传承人李斌成说。广州牙雕特别强调因材施艺，“取料”用到极致。所以，行内人常说:（牙雕）无废料，主要看你自己有无“料”（粤语，指“智慧”“能力”）。在牙雕业内，从学徒成长为一个熟练的工艺师，一般需要15年。而想要创作出精品，文化和历史底蕴不可或缺，这对工艺师的知识面和素质提出了更高要求。

工欲善其事，必先利其器。二十世纪二三十年代，“神眼”微刻冯公侠利用雨伞的伞骨制成比针尖还细、锋利且又能像毛笔一样挥写自如的刻刀。“船王”潘楚钜雕刻牙船的工具大多是自己改造的。随着现代技术的应用和历代工匠对刀具的改良，广州牙雕工具品类多样，最小的刻刀比绣花针还细，牙雕的制作技巧也大幅提升。

^《五福贺寿》，底座采用镶嵌、圆雕、浮雕等技法；象牙球共 50 层，内层薄如纸，外层雕刻龙凤吉祥纹，自然融入底座的五福贺寿场景中，浑然一体。［广州市大新文化创意发展有限公司（原广州市大新象牙工艺厂）供图］

^《竹林七贤》［广州市大新文化创意发展有限公司（原广州市大新象牙工艺厂）供图］

以骨代牙巧用新型材料

第七章·第三节

“以小拼大”传薪火

新中国成立后，国家组织集体大规模生产牙雕工艺品，当时规模最大的广州大新牙雕厂会聚和培养了众多名师巧匠，生产规模居全国工艺行业之冠。镇厂“三宝”——象牙球、象牙船和撒网船，更代表了岭南牙雕的最高技艺。牙雕成了广州一块响当当的品牌，牙雕作品多次被选为国宾级礼品，同时也为国家赚取了大量外汇。

1989 年，联合国禁止象牙贸易后，我国全面停止商业性象牙加工销售活动，牙雕行业面临“无牙可雕”的生存危机，牙雕从业人数锐减。广州工匠困中求变，为了保存这门古老的绝活，他们选用不同的材料，包括猛犸牙（古代象牙化石）、河马牙、牛骨等，继续传承这项千年技艺。

广州牙雕名匠李定宁、李斌成父子花了 4 年时间，用猛犸牙创作了一艘长 138 厘米、高 68 厘米的撒网船，名为《渔家乐庆丰收》。最具特色的是船上 30 个神态各异、动作生动鲜活的人物以及 300 多尾鱼儿，全部运用多层镂空技法雕刻而成，创下撒网船多项技艺之最。

“很多人问这是不是用象牙雕刻的，其实这是牛骨。”在永庆坊的三雕一彩一绣展览馆内，广州牙雕国家级传承人张民辉的桌上摆有一段牛骨和一张文字说明，其上写明作品采用的为“牛骨原材料”。原来，张民辉“以骨代牙”，创新技艺。他说，牛骨体积小而且空心，加上骨质脆、易霉变，镶嵌工艺变得更为复杂。为此，张民辉首先研究处理“霉变”的方法。他将牛骨、骆驼骨等进行清洗、浸泡、脱脂、漂白，但又不能损坏骨料的光泽。然后，他在“以小拼大”上做文章，大量采用拼镶技术，根据骨材的形状、粗细、长短进行开料分割，对每块骨材因材设计，同时使用钻孔、打钉、入榫等传统方法，将成千块骨料拼镶起来，力求“天衣无缝”，可置于沸水中不变形、不散落。

经过十几年的努力，张民辉和他的花城博雅工艺厂已能造出玲珑剔透、色如象牙的大型骨雕艺术品。张民辉主创的骨雕龙船《一帆风顺》，就是由3000多根水牛骨拼镶而成，船体全长180厘米、高90厘米，造型优美，技艺精细，融圆雕、浮雕、通雕、镂空及拼镶等多种技艺于一体。龙船的做工极为精细，外行人根本没法在那由3件骨料雕刻而成的尾舵上找出镶嵌痕迹。至于龙船主体，也看不出是由数以千计的牛骨片精心镶嵌而成的。

要把几千根骨头镶嵌成一件浑然一体的庞大作品，真是考功夫、费脑子，张民辉光是画图构思，就花费了半年时间。

2007年，张民辉创作了高380厘米、宽260厘米、厚60厘米的大型骨雕作品《福如东海》。此作品用1.5万多块骨料组装镶嵌而成，创造性地将传统牙雕、骨雕一直沿用的摆件艺术形式改变成现代立体浮雕壁画的表现形式。

张民辉的创作，证明千年牙雕的主要技艺能在骨雕工艺上得以继承和发展。对此，清华大学美术学院博士生导师李砚祖教授感慨地说，张民辉的创新，为目前在中国传统工艺中传承极为艰难的象牙雕刻技艺开辟了第二个春天。

这也正是广州牙雕为何能迅速发展成为在中国牙雕史上有举足轻重地位的南派牙雕的原因。岭南文化的开拓性、灵活性与兼容性，使广州牙雕艺人视野开阔、勇于创新，不断为广州牙雕业开拓新局面。

^ 张民辉、翁耀祥、仇玉英《南国明珠》（广州市非物质文化遗产保护中心供图）

^ 牙雕大师张民辉在创作骨雕作品（王维宣摄）

^ 牙雕工具 （张民辉供图）

第八章 广州玉雕温润有方

文一张忠安

轻盈飘逸玲珑剔透，广州玉雕温润有方。

中国人独有的玉石雕刻技艺源远流长。从古至今，有关玉的故事几乎贯穿整个中国历史。广州玉雕工艺形成于唐代中后期，走过了两千五百多年历史。

广州玉雕虽声名远播，但广州却不产玉，让广州玉雕闻名于世的是广州玉雕技艺传承人。古法传统雕刻技艺经由他们代代相传并发扬光大，他们在品种、工艺、用料等方面创造出独特的广式风格，典雅秀丽、轻灵飘逸，让玉雕界的“广州匠”享誉天下。新中国成立后，广州玉雕绽放出真正繁荣的华彩，与北京玉雕、上海玉雕、扬州玉雕并列为中国玉雕“四大派”。广州玉雕有着深厚的历史积淀，成为迷人的岭南艺术瑰宝，2008 年被列入第二批国家级非物质文化遗产名录。

南越王墓揭广州玉雕历史

第八章·第一节

南越王墓出土“丝缕玉衣”

透雕龙凤纹重环玉佩、丝缕玉衣、犀角形玉杯、龙钮“文帝行玺”金印……这是南越王博物院的一件件镇馆之宝。

40 多年前的 6 月，广州象岗山上有惊世发现，这里是西汉初期南越国第二代国王赵眜（赵佗之孙）的陵墓——西汉南越文王墓。随着考古发掘的推进，揭开了广州玉雕文化尘封 2000 多年的历史。

南越文王墓被誉为近代中国五大考古新发现之一，墓中出土文物 1 万余件，其中“文帝行玺”金印、犀角形玉杯、错金铭文铜虎节等集中反映了 2000 年前岭南政治、经济和文化等多方面的历史。墓中出土的玉器共 200 多件，做工精绝，堪称汉代玉雕之佳作。

墓主身穿的丝缕玉衣，长 1.73 米，由 2291 块玉块编织而成，为中国考古首次发现。“玉”作为礼器，在西汉时代的广州，就具有崇高的地位。南越王墓出土的犀角形玉杯，是首次发现的西汉角形玉杯，用一整块青白玉雕成，中间凿空成犀牛角的形状。相传以犀牛角制成的酒杯可以解毒，玉虽不能解毒，但玉雕工匠却“借题发挥”，就着玉石的形状施刀，综合运用线刻、浅浮雕等技法，口沿呈椭圆形，下渐收束，近底处成卷索形回缠于杯身下部；一立姿夔龙的纹饰，自口沿处向后展开，绕杯身回环卷缠，既富于变化又统一和谐。另有舞姿翩翩的玉舞人，似去还来，生动逼真，是汉代玉器中少见的珍品。

飞鹅岭掘出四千年前玉环

西汉南越文王墓中玉器的出土，说明早在汉代，广州玉雕不仅简朴、浑厚、豪放，而且在章法布局、材料运用、技法发挥等方面都已经走向成熟。

实际上，广州玉雕的历史可以追溯到新石器时代。根据《广州非物质文化遗产志》记载，在广州龙洞飞鹅岭考古发掘出距今 4000 年新石器时代文化遗址，其中一只直径约 9.1 厘米的完整玉环，为广州迄今发现的最早玉器。秦统一全国后，中原的冶炼技术、铁制工具、镶嵌工艺等相继传入岭南，广州玉雕水平与中原地区大体同步。到了汉代，广州已有宫办玉器手工作坊，直接由少府或工宫掌管，广州玉雕品目之繁多、式样之丰富、雕工之精美，令人叹为观止，已经不逊于中原水平。

中国玉文化历史，虽然源远流长，但广州同北方一样，在很长一段时间里，玉器可不是一般人能持有的，其多为礼制的载体、权力和身份的象征。因此，玉雕也不能随心所欲地创新，作品造型相对单一。

唐宋时期，广州玉器多属珍贵工艺品，主要用于祭祀神器、宫廷装潢、玩物珍宝配饰，玉雕文化继续发展，特别是宋徽宗嗜玉成瘾，直接刺激了宋代玉器空前发展，民间玉器市场应运而生，玉器出现世俗化倾向。当时，和田玉、黄玉、青白玉占主流。到了明清时期，广州商业往来频繁，玉雕业渐趋兴盛。特别是清初，自“匠籍”管理制度被废除后，各地能工巧匠会集广州，相互切磋技艺，进而发展到成行成市。据曾应枫考证，当时的行会组织共有6个“堂口”，分别管理制作花件、玉镯、光身碎件及开料、经营摊档买卖等。许多玉商从缅甸购得翡翠玉石后，都送来广州雕刻生产；北方出口的玉器，到达广州后，如有破损，商人也乐意委托广州匠人加工或修复。

20世纪30年代，广州玉器业兴盛，有大小商户4000余家，从业人员万余人，主要集中在大新路、文德路、长寿路等一带，形成祥胜和崇德两个玉器墟（市场），也是我国南方最大的珠宝玉器市场。一时客似云来，货如轮转。

广州玉雕真正的繁荣出现在新中国成立后。玉雕大师林德才说：“新中国成立前（玉雕）是个人手工作坊式的，新中国成立后把艺人们集中到一起，这时候有一批来自美院或各种艺术院校的人进入到这个行业中来，无形中就提高了工艺处理水准和审美水平，同时还有培训学徒等方法，行业是很繁荣的，可以说是人才济济，在20世纪80年代初到90年代初达到了一个高峰。”

广州玉雕以翡翠、南方玉为主要原料

与“北派”玉雕喜用和田玉等软玉雕刻不同，广州玉雕所用材料有翡翠、白玉、碧玉、青玉、岫玉、南方玉等20多种，其中，南方玉多呈草绿色，半透明，多自然斑纹，磨琢后晶莹通透，在玉石中别具一格，是广州玉雕主要原料之一。而翡翠在广州玉雕中最受欢迎，也最能体现广州特色。

广州玉雕所使用的翡翠，也叫“翠玉”，颜色大多呈翠绿色或赤色，还有红褐色、紫罗兰色、白色、黄色和黑色等。

广州翡翠广受欢迎传说与慈禧太后有段渊源。据说，乾隆钟爱和田玉，而慈禧则偏爱翡翠。“因为慈禧太后喜欢，皇亲国戚、朝廷百官、权贵名流纷纷效仿，翡翠玉件需求大增。但当时又不可能把整块石头运到北方去，聪明的广州人就把从缅甸进口的翡翠加工成各种工艺品，然后再卖到北方或者由地方官进贡给朝廷。”广州玉雕省级非遗传承人尹志强说。

中国市场上的翡翠95%来自缅甸。在清朝广州“一口通商”时代，缅甸翡翠玉石须经由广州才能进入中国，因此，翡翠也逐渐成为广州人富贵的象征。当时，总揽对外贸易的十三行商人们几乎都是翡翠的发烧友。清乾隆四十一年（1776年），行商潘振承创立行佣基金，从进出口货交易中抽取款项，专门用作购买各种翡翠玉器。

优秀的玉雕师，对玉石原料选择有极高的讲究。一位玉雕大师曾说，他每次见到中意的翡翠，“都不敢大声呼吸”。选一块好翡翠，一般从种、水、色、底等方面进行鉴别，也就是看玉石的质地结构、透明度、颜色和纯净度，以细腻致密、透明度高、颜色纯正鲜艳、杂质少的翡翠玉石为佳，这样的翡翠不仅可使玉器温润晶莹，更让玉器显得水灵明澈。

^ 西汉犀角形玉杯（南越王博物院藏）

贵在自然重在设计

“留色”技艺成一绝　“败玉”也能化神奇

早在唐宋时期，中国玉雕就有了“七巧色玉”技艺，即巧取玉材之色泽和天然纹理，施以恰当的雕琢，避开裂纹，因材施艺，化瑕为瑜。这种工艺也叫巧雕，被施以巧雕的玉称“巧色玉”。

“七巧色玉”贵在自然，重在设计。广州玉雕匠人在传统技艺的基础上，创造了“留色”的特技，保持了原玉的天然色彩，使作品形态更加丰富、成品更加精美。今天的“留色”，也被称为“巧色”，是在古代技艺基础上发展起来的，但无论是种类还是精细度等，都比过去有很大的进步。特别是翡翠大量进入广州后，玉石原料的色彩极为丰富，留色设计就显得更为重要。这种技艺看似简单，却是玉雕行业难度极高的绝活之一，不仅需要玉雕师有过硬的雕工，更要有广阔的创作视野和对玉文化的深刻理解。

玉不琢，不成器。玉石材料的妥善运用、雕刻技艺的炉火纯青、艺术匠心的巧妙传达，是一件玉雕作品的成功秘诀。玉石材料种类繁多，色彩丰富。有时候，即使是同一块玉石，也会出现红、黄、墨、绿等诸色聚于一体的现象。这对于创作者来说有一定难度，如何用色也是关键所在，留与不留、用与不用，极其考验匠人的眼光和技艺。

如今的广州玉雕大师均视“留色”技法为宝，往往能化腐朽为神奇。高兆华是广州玉雕国家级非物质文化遗产代表性传承人，有一年，他高价买下一块玉石，想做几件精品饰件。可一开石，他就傻眼了，里面的翡翠远不如他估计的那么多，还有一部分玉石发黑。这简直就是一块“败玉”。

爱逛花鸟鱼市场的高兆华想起，各种小鱼在水中畅游时，经光线照射，从不同角度观察，会呈现出蓝绿交替、红黄相映的效果，仿佛一道道水中彩虹，这种场景深深烙印在高兆华的脑海里。他灵机一动：那块近乎废料的翡翠石不正像一个五光十色的海底世界吗？

于是，他画起设计草图，巧妙地运用色彩的配搭，将白色玉设计为底座、珊瑚、鱼肚等，绿色设计成鱼身、水草、海藻等，黑色化为鱼眼等，再通过浮雕、凹雕、镂雕等多种方法，挖去瑕疵，反复琢磨修整，最终创作出玉雕行内不多见的佳作：色彩各异的鱼类栩栩如生，配以多种海草，呈现鱼儿畅游其中的情景，令人叹为观止。广东历史文化专家叶曙明赞叹：“高兆华的玉雕作品构思新颖，‘留色’技艺更为一绝。”

将镂空雕发挥到极致

玉雕是不断做“减法”的过程，一开始大开大合，慢慢精雕细琢，工具越用越少，玉器越雕越精。这是一门对错误零容忍的手艺，稍有不慎，大多前功尽弃，只能另选材料重来。

广州玉雕界流行一词叫“剜脏去绺”，就是去除玉石的杂质、石纹等瑕疵。这也许就是最早的镂空雕，也叫“通雕”。玉雕艺人要先在玉料上设计好作品的物象图形，在雕刻细节前，剜脏去绺，然后通过钻孔、丝锯搜镂、碾磨等将玉料中没有表现作品物象的部分掏空，仅保留能表达作者设计意图的部分。这种做“减法”的玉雕艺术，曾是玉器制作中水平最高、难度最大的工艺。究其原因，一是镂空雕先要有流畅的设计，制作过程环环相扣，紧密关联；二是要雕工精细。因此，镂空雕虽然古已有之，但要真正掌握其精髓，并不是一件容易的事。

广州玉雕的厉害之处，在于广州玉雕匠人博采中国各地玉雕技术之长，利用切割、磨平、起线、轧槽、镂空、管钻、打孔等步骤和钩、轧、顶、撞、挖等手法将广州镂空雕技艺发挥到极致。

镂空雕是广州玉雕的重要组成部分，就是用榄形砣、圆形砣、盘形砣等工具将原材料内部挖空，然后进行 360 度全方位雕刻。如运用了镂空雕工艺的广州玉雕作品“水上漂”系列，追求落水能浮，展现出通透玲珑、轻盈灵动的美感，即使是平面的玉料，也会呈现出 3D 的立体效果，内部镂空的地方，还可以放入香囊等。这正是镂空雕的魅力所在。

镂空雕工艺复杂，玉石又硬又脆，故而制作镂空雕需要有稳定的气候条件，而广州地处南海之滨，属海洋性亚热带季风气候，以温暖湿润为特征，雕刻制品不易因物理温差而受损。加上广州玉雕匠人不断推陈出新，让镂空雕成为广州玉雕的重要标签。

广州首创玉球绝艺，难以超越

广州玉雕摆设类作品中，多层玉球堪称国内一绝。十几层的圆球，大球套小球，每层厚薄均匀，层层自由转动，并雕上山水、花卉、人物、鱼虫、花鸟等精细的衬花，形象极其逼真生动，令人叫绝。

多层玉球属于广州玉雕近年来的独创技法，源于广州牙雕“鬼工球”。广州玉雕技巧与广州牙雕技艺常有相通之处。经过传统与潮流的碰撞，多层玉球成为广州玉雕的绝活，是镂空技法的完美创新。

这门绝活的开山始祖是吴公炎，他 10 岁入行学玉雕，终生以玉雕为业，人称“公仔炎”。20 世纪 60 年代，吴公炎提出了一个大胆设想：把象牙雕球的雕刻工艺移植到玉雕上。由于玉石的硬度比象牙高得多，且当时从未有人做过玉球，吴公炎的设想震惊了所有人。

广州人善于走前人没有走过的路。吴公炎雕刻玉球的设想，非常大胆，极具开创性，充分体现了广东人和南派玉雕勇于创新的传统。

吴公炎亲自拜访广州牙雕大师，请教雕琢方法。他反复琢磨、研究，经过数百次试验，在全国首创玉球镂空雕刻工艺。1966 年，吴公炎主导创作的中国玉雕界第一只玉球诞生了，这是一只直径 12.8 厘米的 8 层玉球，每层都可以灵活自如地转动，连牙雕行家都赞不绝口。

多层玉球工艺在广州玉雕中最为卓越。一般是选择玉质上好的玉料，将其切削、滚磨或车制成圆球形，然后在球体上下、左右、前后等共14个位置分别向球心方向钻锥形孔，并用特制的钩刀由内往外分层，层数的多少视球体大小而定，球径越大，层数就越多。分层后，先进行第一轮打磨抛光，除最外层球体表面外，其余各层均需抛光。再采用浮雕型通雕技法对最外层表面进行雕刻制作。最后将球面雕刻抛光。层数越多，雕刻难度越高。经过不断改进创新，广州玉球已能雕刻至20层，至今尚未见到其他地方能够超越。

∧ 玉雕球（王维宣摄）

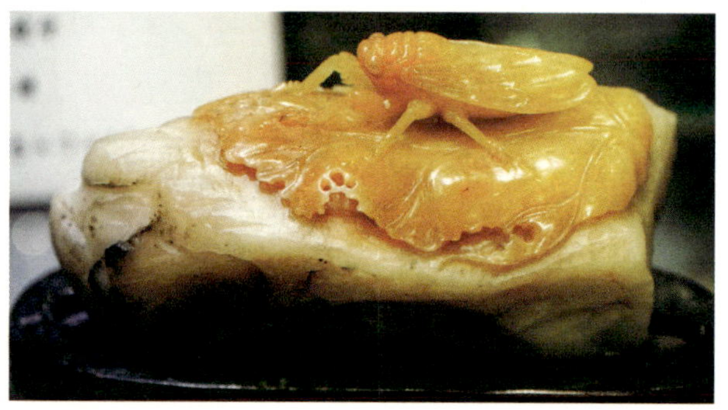

∧ 玉雕（王维宣摄）

∧ 高兆华玉雕作品《福馨和谐》（广州市非物质文化遗产保护中心供图）

南派风格轻灵飘逸

第八章·第三节

与玉结缘不离不弃

广州玉雕灵活多变，以造型典雅秀丽、轻灵飘逸、玲珑剔透出彩，题材多采用花、蟹、鱼、塔、车、船等颇具岭南水乡特色的元素。

现为广州玉雕省级非遗传承人的尹志强 1976 年被分配到广州织金彩瓷工艺厂，但他主动申请去南方玉雕工艺厂，至此与玉雕结下不解之缘。过去近 50 年，尹志强用双手创作出的玉雕珍品已难以计数，他创作的《九窍玲珑蜻蜓莲花笔洗》曾入编广州市九年义务教育教材《乡土美术》，他也曾获全国工商联授予的“中华玉雕艺术大师”等荣誉称号。

尹志强介绍，制作一件玉器，选材和设计最为关键。选材也叫审石、相石。然后根据所选玉石材料，考虑做什么和怎么做——这个就是造型设计，也是玉雕作品最有价值的地方。玉石非常硬，无法用刀雕刻，只能用宝石粉来磨，就是《诗经》里所说的“如琢如磨”。刚开始时用较大的磨头，这样比较高效。但越往后雕工越精细，所选的磨头也要越细小。

2008 年，广州玉雕被列入第二批国家级非物质文化遗产名录。作为广州玉雕的代表性传承人，尹志强比退休前更忙了，他既当师傅收徒传艺，又当老师普及玉雕文化。2022 年 1 月，广州玉雕非物质文化遗产传承基地揭牌，尹志强也喜纳 10 位徒弟。至此，这位广州玉雕大师已收了 25 个徒弟。越来越多的年轻人愿意了解玉雕文化、学习玉雕技艺，尹志强有着“后继有人”的欣慰。

广州玉雕近年来受到政府的高度重视，得到了大力支持，传承人队伍逐渐增大，文化内涵不断被挖掘充实。广州玉雕和玉器文化已融入普通市民的生活中，以批发零售为主体业务的广州玉器市场也处在转型升级中。随着政府对非物质文化遗产项目的重视、老百姓对优秀传统文化的认同，以及玉雕本身设计的创新、工艺水平的提升，广州玉雕以一种为年轻消费者喜闻乐见的形式走进寻常百姓家。

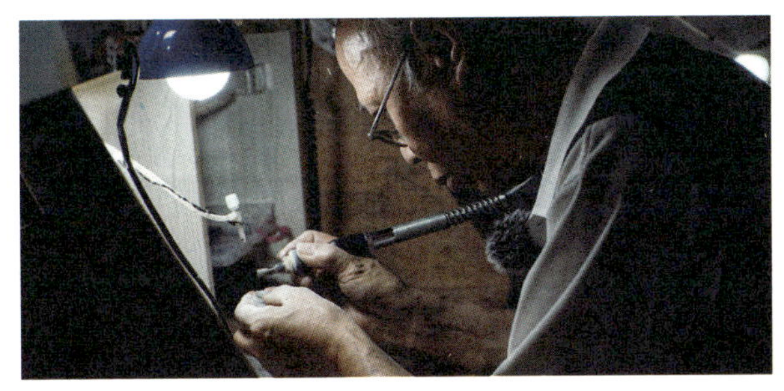

∧ 尹志强在工作中（王维宣摄）

∧ 尹志强玉雕作品（尹志强供图）

第九章 广州木雕镂月裁云

文—刘幸 肖桂来

拉花凿花光花刮花，广州木雕镂月裁云。

“三雕”之一的广州木雕源远流长，已有2000多年历史。在三元里马鹏岗出土的西汉前期汉墓中，武士俑和骑马俑等木雕重见天日。唐宋以来，得益于海上丝绸之路商贸不绝，大量海外红木作为压舱木运抵广州，广州木雕由此兴起。明清时期，广州木雕走向成熟，广式硬木家具作为“贡品”一跃成为清式家具的典型代表之一。

在漫长的历史长河中，广州木雕素以精致、繁复、华丽而驰名，广式硬木家具、岭南建筑装饰木雕、红木宫灯……各类广州木雕作品融入百姓生活，展现出岭南艺术中西融合、兼容并蓄的独特魅力。当代，广州木雕不断推陈出新，很好地继承了广式家具造型浑厚、装饰华美、雕刻精湛、寓意吉祥的特点，成为广州人最熟悉的“城市记忆”之一。

中西交融技艺独成一派

第九章·第一节

秦汉木雕已栩栩如生

广州木雕历史悠久，广东工业大学艺术与设计学院教授王娟等人在《广州木雕的传承与发展》一文中介绍，秦汉时期，广府先民已能雕刻出栩栩如生的动物、生活用品器物和各式各样的俑类。据《广州汉墓》，广州木雕始见于广州三元里马鹏岗西汉前期汉墓出土的武士俑和骑马俑。这些木俑为圆雕作品，人的手和腿、马的四蹄与尾部都是另外安装的，以竹钉贯牢，雕刻风格写实，木俑动作颇为生动。

唐代开始，广州对外贸易昌盛，开辟了万里“通海夷道”，东南亚的酸枝、花梨等贵重木材登陆广州，广州红木家具业兴起。彼时，佛教传入中国，盛行雕刻佛教人物。光孝寺是广州年代最古、规模最大的佛教名刹，所谓“未有羊城，先有光孝”。1950 年，有人意外发现，光孝寺大雄宝殿的大佛腹中藏有许许多多的佛物、佛珠、小佛和木雕罗汉，经考证正是难得的唐代木雕，1000 多年前广州先民的鬼斧神工重见天日。

到了宋代，广州成为全国最大的通商口岸，彼时中国的雕刻技法已趋成熟。宋代著作《营造法式》介绍了混作、雕插写生花、起突卷叶花、剔地洼叶花、透突雕、实雕等 6 种雕刻工艺。其中“混作”指圆雕；“起突卷叶花”是指高浮雕；“透突雕”是花纹局部镂空、与地脱开的雕法，后世称为“透雕”。千百年来，广州木雕将其中沉雕、浮雕、透雕、圆雕等几种表现力较强的雕刻技艺传承下来，成为主流技艺。

元、明、清是木雕的大发展时期。在此期间，大部分作为压舱物的珍贵木材大量涌入中国，广州作为多数船只的登陆口岸，留下了很多优质的硬木木材，为广州木雕的发展奠定了材料基础。明清时期，中国家具发展至成熟期，形成苏作、广作、京作三大各具魅力的流派，后人总结为“文苏、豪广、奢京”，其中广作中西交融，技艺独特。

明代装饰艺术风格朴素淡雅，常用龙纹、如意纹、卷草纹等。到了清代，“一口通商”政策令优质木料更为集中地经广州进口。随着西式建筑风格及西式家具传入，广作家具进一步发展。这一时期，广州木雕装饰花纹越来越多，从简单的线角图案雕刻发展到半立体、多层次的浮雕、通雕甚至立体雕，广式家具形成了注重雕工、繁复豪华的独特风格。

彼时，紫檀木、花梨木、鸂鶒木等珍贵木材进口广州后，一大批能工巧匠就地加工，致使红木作坊布满珠江边的河涌两岸。从东濠涌、天字码头、海珠石、清水濠至濠畔街、走木街、象牙街、西来初地一带，涌边堆着木，涌里泡着木。

广州城水运便利，这些硬木可直接运至濠畔街，濠畔街酸枝大器作坊逐渐增加，至清代有数十家，由此濠畔街也被称为“酸枝街”。街头巷尾，健硕的年轻木工匠往来穿梭，在阳光下抡斧挥凿、细心刮磨，一门心思琢磨着如何制作精品。那时硬木制作没有烘烤、水煮等工艺，全靠日晒、雨淋、水泡，至红木干透、稳定不变形了，木匠们才拉开大锯，开片凿木制作家具。

广州不同的生产基地专攻不同的产品，如濠畔街、走木街专造紫檀、酸枝；西来初地专制东京木、坤甸木等。行业中，迎合普通市场的“大路货”，一般出自平庸的作坊；另一种雇请能工巧匠定图定样设计的工坊则极尽精雕细刻之能事。两种家具在式样、结构、选料上差别很大，艺术内涵也不同。广式家具讲究艺术装饰性与生活实用性的结合，体现了广州能工巧匠的智慧，倾尽了广作艺人的智慧、辛劳和汗水。

^ 陈家祠木雕（骆昌威摄）

『广作』成清式家具典型

第九章·第二节

广州工匠进宫施巧艺

每一件高档广式家具，都是一件精美的广州木雕作品。广式家具雕刻的装饰题材非常丰富，除了相当数量的传统纹样，也有很多西式纹样。传统纹样多为自然形态的动植物，如植物类有松、竹、兰、梅、菊、葡萄等，动物类有鹤、鹿、狮、羊、龙、蝙蝠、鸳鸯等。西式纹样有西番莲纹、莨菪叶等，这些都是源于欧洲的经典装饰纹样，在清代广作家具中成为常见的装饰元素。

据《清宫内务府造办处档案总汇》和《清代广东贡品》等记载，雍正年间广东开始向宫廷进贡木作家具，清宫内务府造办处在乾隆元年（1736 年）特设“广木作”，招募优秀的广东木匠进入紫禁城专事制作皇家家具。

乾隆中期，广作家具作为“贡品”达到了鼎盛时期。董兆、李爵禄、杨有庆、罗元、林彩、贺五、梁义、杜志通等广州木雕家具的能工巧匠先后被召进宫，在养心殿造办处制作“广作”，专门为皇室打造红木家具。作品有画桌、龙柜、香几、灯柱、椅、床等。现故宫珍藏的紫檀木雕花双顶 8 件大柜，就是乾隆元年（1736 年）由广州工匠所制。由此，广作家具一跃成为与“京作”（宫廷风格）和“苏作”（江南风格）并立的清式家具的典型代表之一。

同治八年至宣统三年（1869—1911 年），广州红木家具业达到鼎盛，作坊达百多家。相传光绪帝的龙床在广州濠畔街完工后，运至京城竟无人懂得组装，只好急召广州工匠梁阜到京。为使其顺利入宫，皇帝还特地赐给他一个官衔。

在宫廷的示范带动下，广式木雕家具成为达官贵人的身份象征，除内地官府、富商每年来广州定做、采购大批酸枝家具外，有些官绅甚至直接将知名工匠请到家中，根据居家环境、个人喜好度身定做。濠畔街、走木街、西来初地一带更是聚集了众多工场。

与此同时，广州珠江边的十三行商埠贸易中，广式红木家具的出口越来越受欢迎，欧洲商人频频来图加工，对广作家具的品种和形制产生了影响，如清代广作家具出现了椅背后斜的座椅，与传统的中式椅子椅背笔直、时时提醒人要正襟危坐不同，椅背后斜借鉴了西式扶手椅的造型。

民国时期，广州木雕一度衰落。新中国成立后，广州木雕迎来新发展，涌现出不少精品。

当代广作注入时代元素

1972 年，广东省工艺美术大师招赞惠与工艺大师杨虾、连六、胡枝等一起设计制作了酸枝大理石宝鼎十头床（旧时广州称长椅为床），十件一套，共一床、四椅、五几。他们把宝鼎形的轮廓线演化成床及椅靠背上的主体图案雕饰，作品中心镶有天然色彩的大理石，上方则雕刻了活灵活现的大小雄狮数只，静中有动，古朴雄浑。该作品达到了当时广式红木家具的最高境界，直到现在很多红木家具厂家还在仿造这一作品。

二十世纪八九十年代，广州木雕注入市场经济元素，广州的红木工艺厂从原来的八家，迅速发展到整个珠三角有上千家。

广式硬木家具制作技艺的代表性传承人陈达强就是时代的弄潮儿。2022 年 5 月，在别具岭南园林建筑风格的永华艺术馆雕刻现场，陈达强带领学徒们雕刻家具，各色木雕工具一字排开，工匠们一刀刀地刻，一声声地凿……

永华艺术馆中展出的广州木雕题材多样，既有历史故事、神话传说，又有渔樵耕读等生活场景；纹样既有龙凤狮蝠、八仙三星、如意八宝、梅兰竹菊、岭南佳果等传统吉祥式样，又有虎爪脚、法国式图案洋花、双狮滚球等西洋式样，独具广州风味。

陈达强设计的兽头狮脚圆台、福龙沙发、清明上河图宝座椅等用料宽绰，纹饰精巧，多见西番莲、西式卷草、兽腿足等装饰，更把线雕、浮雕、透雕、圆雕等各种雕刻手法运用得淋漓尽致，很好地继承了广式家具造型浑厚、装饰华美、雕刻宽广纵深及寓意吉祥的特点，呈现出与简练秀美的苏作、豪华气派的京作家具截然不同的艺术品格。

传承匠心精神并不意味着因循守旧，而是要在尊重传统的基础上更好地面向未来。陈达强说："过去的家具坐上去人必须挺直，现在得从人体学出发，包括对流线、软包进行了改良，使用起来更舒服。"

广作木材、构思、雕工缺一不可

外行看热闹，内行人看门道。普通人如何品鉴广州木雕呢？原华南木雕厂木雕技师、从业三四十年的广州传统手工木雕师唐锦全认为，首先看取材，判断木质是否上好；其次看题材和构思，这也是木雕最难的部分，构思巧妙则艺术价值高；最后看雕刻制作工艺，好的制作工艺不仅在小处精工细作，也能充分利用木材肌理等特性。三者都满足，则是木雕中的上乘之作。

广州木雕的内容多表现岭南的特色植物瓜果和生活场景，艺术呈现上体现了世俗化和生活化。在题材和构思方面，华南师范大学美术学院教授刘子川认为，广州木雕既传承中原文化，又吸收融合南粤本土文化，同时深受西方艺术影响。这是由于历史上中原人几次大规模迁入广府地区，加上广州是古代海上丝绸之路的发源地的原因。

广州木雕更注重“意头”（寓意），喜鹊闹梅、梅鹊争春、喜（鹊）上眉（梅）梢等图案表达吉祥喜庆之意；花（牡丹）开富贵、群鸟戏牡丹等图案昭示富贵荣华；一路（鹭）连（莲）科、爵（雀）禄（鹿）封（蜂）侯（猴）等图案借喻仕途通达；鹤寿松龄、荷花仙鹤等图案寓意长寿安康；荷花白鹭、岁寒三友、梅兰竹菊等图案寄托高洁之志；鸳鸯戏莲（同心）等图案象征坚贞爱情；石榴、葡萄、葫芦等图案祈愿多子多孙、人丁兴旺。

在雕刻制作工艺方面，据《广州经济年鉴》卷十记载，明穆宗元年（1567 年），广州的硬木雕刻家具从工艺风格、结构、造型和图案花纹的装饰方面，已可与宫廷的硬木家具相媲美。

与其他地方的木雕不同，广式家具用料充裕，雕刻的面积宽广而纵深，有的家具雕刻装饰面积超过 80%。如弯曲度很大的腿足，不拼接，纯用一木做成。装饰花纹雕刻较深，刀法圆熟、磨工精细。雕刻工艺也从明代家具简洁线刻，到现代以多层次的浮雕、通雕为主；所雕纹饰从传统的龙、凤、蝠、折枝花卉、双狮滚球及各种花边装饰，到融合西方文化的虎爪腿、西番莲纹、西洋卷草纹等，以曲线为主，形态优美。

虎爪腿是广作家具特色的腿部形态。现存于广州北园酒家的酸枝双雀靠背椅，雕刻圆润生动；以通雕为主的广作家具的雕刻装饰，立体感强，特别是沙发椅和公座椅靠背的雕刻，“远看一幅画，近看栩栩如生”。

工欲善其事，必先利其器。雕刻时，匠人所用的工具往往多达百件。不同的刀具刻画不一样的线条，如圆刀用于圆形和圆凹痕处，在雕刻传统花卉上有很大用处，花叶、花瓣及花枝干的圆面都需用圆刀适形处理；斜刀的刀口呈 45° 左右的斜角，主要用于在作品的关节角落和镂空狭缝处剔角修光。

广州木雕善绘生活场景

雕梁画栋、古色古香的陈家祠是品味岭南建筑装饰木雕的最佳去处。

走进大门，木雕屏门背面的裙板上刻有两个“福”字，一左一右互为倒写，寓意“福到”和“双福临门”；“福”字为斑驳苍劲的老竹造型，因“竹”与“祝”谐音，寄托“祝福”之意。“福”字左边和右边分别是草书的“多”和“寿”字，竹子上有八只仙鹤，寓意“多福多寿”，裙板下方刻有“青春发达，大器晚成”的题款，一方面寄托了希望子孙早日成才的心愿，另一方面则劝诫后辈不要在意暂时的困顿失意，只要不放弃终会成功。

首进头门梁架上雕有“王母祝寿”“践士会盟”等场景。在“渔舟晚唱”木雕中，小船停泊在河岸边，渔网高高挂起，渔夫自娱自乐，渔妇怀抱婴孩，孩童无忧无虑地玩耍，一幅广府地区渔民悠然自得的日常生活情景就在眼前。

广州木雕制作过程

师承广州美术学院雕刻家尹秋生的木雕高级工黄建龙称，广式硬木家具制作传统以紫檀木、酸枝木、花梨木等硬木为主，目前国内很多名家的木雕原料来自越南、缅甸等地，老挝酸枝木、柚木、胡桃木等也很常用。

同样大小的红木，在广州木工匠眼中，适用于不同的作品。这是为什么呢？原来，工匠们在硬木上做文章，根据木材纹理质地、巧妙构思。

设计

建筑饰件木雕要配合建筑的整体格调，家具的木雕图案则需对应家具的结构造型。

开料

用电动工具开出大料，一般有三四成的损耗，过去上好的酸枝木大料利用率仅有五成左右。

拉花

俗称“扫样拉通花”，按照设计图，用钢锯条把将要从面到底镂空的部分裁去，现在一般使用拉花机或立式铣床操作。图案复杂、层次较多的通雕作品仍需要手工完成。

凿花

将雕刻的花草图案扫描在另外的部件上，然后按设计图沿花纹从面到底雕凿出粗坯，使图案初步定型，立体感初现。

光花

在粗坯基础上用长铲等专用雕刻刀具对图案进行细雕。凿花与光花两个步骤重复循环，直至将纹样完全雕出，有些接榫处还要保留小部分粗坯，待构件接合后再做细坯。

刮花

用刀片或粗细砂纸对雕刻好的构件进行打磨修光，将图案的粗糙表面磨光至平顺光滑。

打磨

先用砂纸粗磨，再用钢丝棉细抛，将木雕作品打磨光滑。

上漆

先用石膏粉混入生漆进行刷灰，将木雕表面细微的木纹填补平整，再涂上颜色，最后上生漆。生漆一般要上 6 ～ 7 层，每上一层漆都必须打磨光滑一次，保证木雕厚密耐磨。

传统作品大部分都不着色不打漆，保留原木色。

^ 兽头狮脚圆台为陈达强的代表作。四凳一桌，大红酸枝材质（李波摄）

^ 陈家祠的岭南建筑装饰木雕（骆昌威摄）

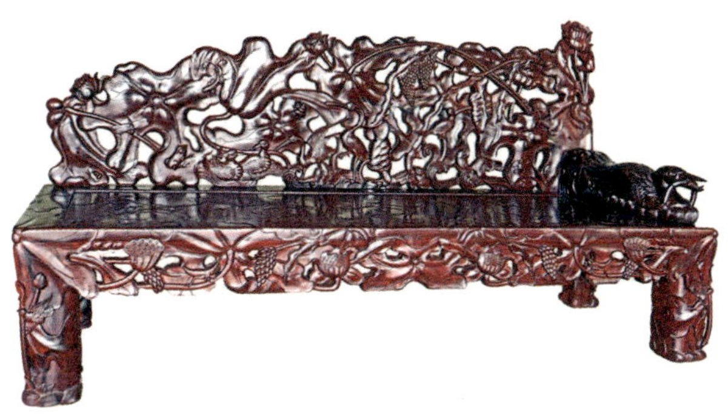

^ 杨虾作品：广式硬木家具酸枝木宝鸭床（广州市非物质文化遗产保护中心供图）

广式红木宫灯成高档广货

“一切如意灯、二龙戏珠灯、三光日月灯、四季平安灯、五福来朝灯、六鳌驾海灯、七夕乞巧灯、八蛮进宝灯、九品莲花灯、十面埋伏灯，闪闪烁烁，斑斑斓斓。”这段文字，出自清代中期小说《蜃楼志全传》，描述的正是清代粤人制作的广式红木宫灯。

宫灯在中国流传很广，制作精细装饰考究的宫灯，除照明外，还代表着奢华富贵的皇家气派。广式红木宫灯起源于明朝，至今已有600年的历史，由广州的宫灯艺人首创，“广式”之名由此而来。当时的广式红木宫灯被列为贡品。广式红木宫灯将广作木雕工艺、玻璃制作工艺和岭南绘画糅合起来，是广州木雕的重要分支，也是广东省一项集实用性和艺术性于一体的民间手工技艺，可谓最高档的“广货”之一。

起初，宫灯由木架蒙上丝绸制成。在玻璃制造技术传入中国后，红木宫灯改用玻璃做灯壁并开始在磨砂玻璃灯壁上作画。到了清朝，广东宫灯艺人发明了可装卸的宫灯，广式红木宫灯成为出口商品，被称为“中国灯”，深受外国人喜爱。

近代初期，广州中华红木宫灯厂曾有450名工人，宫灯产品远销海内外，盛极一时。岭南文化学者、作家黄剑丰在《白云深处》一书中介绍，广式红木宫灯代表性传承人、广东省工艺美术大师罗昭亮来自木雕世家。上初中时，罗昭亮每天都要经过大南路的中华宫灯厂，他总是停留在宫灯前，“我觉得它很美。一个宫灯有12或18幅画，由于是走马的，看完一幅接着一幅，手绘的每幅画都不同，画框又是立体的。宫灯是一个旋转的、活动的、立体的、多画面的画组，中国画的山水、花鸟、仕女等在里面表现得淋漓尽致”。

后来，中华红木宫灯厂倒闭，罗昭亮觉得甚为可惜。1996年开始，罗昭亮找到曾在中华红木宫灯厂任职的技术员们，重新开办红木宫灯工厂。但是前期的生存处境并不乐观。为了维持红木宫灯厂的运作，罗昭亮卖掉自己的两套房子，花光了自己毕生的积蓄，并向银行贷了款。“宫灯的技术一定要传下去，我不在了，儿子要接着做下去，子子孙孙无穷尽，要有愚公的精神。”后来，罗昭亮儿子跟着他做宫灯，女儿画宫灯玻璃画，外孙女也跟着学画。

广式红木宫灯在罗昭亮手上逐渐蝶变重生。广州的泮溪酒家、岭南印象园等场所，都悬挂有他制作的红木宫灯，“这些场所，宫灯一挂上去，中国传统的味道就出来了！”罗昭亮颇为自豪地说，岭南印象园挂起红木宫灯时，几乎所有到岭南印象园参观的人都会在这些红木宫灯前合影，红木宫灯的魅力可见一斑。2009年，广式红木宫灯制作技艺入选广东省第三批省级非物质文化遗产代表性项目名录。

广式红木宫灯的制作主要有木结构制作和玻璃画绘制两大流程。在木结构制作方面，广式红木宫灯选用紫檀木、酸枝木、花梨木、坤甸木等原材料。选好木料后，要将木料烘烤晒干，使其内部结构更加紧实。随后，将整块木料按不同部位的规格进行开料，切割备用。由于红木宫灯的框架结构由榫卯工艺连接而成，所以需要在各块木料的连接处做出榫口和卯口。然后再对各部件进行拉花和雕刻。

玻璃画绘制环节要经过四道工序，即喷涂、磨砂、开界以及手绘。每个红木宫灯都由 12 或 18 幅玻璃画组成，同一个宫灯上的每幅玻璃画不尽相同，内容有神话历史故事、山水风景、花鸟虫鱼等。

∧ 罗敏欣作品《盛世华灯》（广州市文化馆供图）

第十章 华丽广彩融汇中西

文一倪明 曾应枫 李焕真

中国技法西洋风格，华丽广彩探索不止。

广彩是广州地区釉上彩瓷的简称，亦称“广东彩”，诞生于清康熙中期（17世纪末），是中国工笔与西洋画法完美合璧的中国制瓷艺术，如今已被列入第二批国家级非物质文化遗产名录。广彩初具风貌于雍正时期，兴盛于乾隆时期，定式于嘉庆、道光时期。在“三雕一彩一绣”中，广彩历史最短，只有300多年，却是中西文化交流的最佳载体。

珐琅彩传入广州

第十章·第一节

外商催热广彩市场

广彩的缘起看似偶然，实际上是古代海上丝绸之路发展的必然。欧洲人对彩瓷的热切需求直接催热了广彩的外销市场。广彩匠师以开放的胸怀、对艺术的执着追求和探索精神，对西洋画法兼收并蓄，创作出了众多风靡欧美的广彩精品，完美体现了广州胸怀宽广、包容发展的城市精神。在东西方文化的浪漫碰撞下，广彩成为世界独特的艺术瑰宝，创造了中国陶瓷史上的辉煌成就，为中西方文化交流作出了巨大贡献。

据广彩艺术发展史研究专著《堆金织玉——广州彩瓷》记载，清康熙二十四年（1685 年），海禁重开；第二年，由官府特许经营的大规模对外贸易洋行——十三行设立。由于欧洲市场的大量需求，瓷器成为十三行外销的大宗商品。与此同时，珐琅彩料和制作技术于康熙晚期（约 1720 年）从欧洲传入广州，被欧洲商人要求使用在彩瓷上。广彩独特的自有颜料由此出现，这也是广彩被称为“洋彩”的原因。

在景德镇定制成品瓷相当昂贵，长途运输又容易造成破损。荷兰东印度公司在利润减少的情况下，于清雍正初年（约 1725 年）开始逐渐停止在景德镇订制瓷器，转而直接向广州洋行订货。且景德镇绘瓷艺师虽然熟悉中国的传统绘画技巧，却很难理解欧洲人指定的外来纹饰和文字符号，时常出现偏差和文字串错的现象。广州匠师得风气之先，又有随商舶而来的洋画师的指导，加上价格相宜，欧洲商舶的大量订单涌向广彩作坊，使清代广彩艺术达到顶峰。

广彩行内，流传着一个关于祖师爷的传说。据传在雍正年间，江西人杨快和曹钧作为候补官员来到广州，却长期不能上任。为了解决生计问题，他们利用自己本是瓷乡人、熟悉瓷器上彩技艺的优势，从景德镇购入白瓷胎，绘瓷烧制出售，生意兴隆，从此在广州开作坊授徒。虽是传说，但广彩使用景德镇的白素瓷胎却是事实，广彩凭借江西传入的加彩技艺，在广州加彩烘烧而成的，是“借胎加彩”的产品。

其实，广彩技艺的准确传入时间与最初的传艺人是谁，一直没有相关的文献记载。但不少实物证明，雍正年间，广彩的彩绘技术就已十分纯熟精美，并有了自己的艺术特色。因此，广彩最初产生的时间不可能是传说中的雍正年间。

广州商人逐渐舍弃经销景德镇的高成本粉彩，开始只买素胎，在广州开作坊，请景德镇的“写红佬”（加彩匠师）到广州工作和授徒。从此，景德镇的白瓷胎便源源不断运到广州。清代时，广州珠江南岸三江交汇处的洲头咀码头就设有名为“公和兴仓”的大仓库，储存着大量从北江水路运来的白瓷胎。

式多奇巧　岁无定样

广彩是东西方文化不断交融和创新的体现，对中西文化交流有过无可取代的贡献。其华丽高贵、金碧辉煌、色彩丰富饱满的炫目纹饰，契合古代欧洲宫廷兴起的洛可可艺术的浮华奢丽之风，17 世纪法国王室定做的法国甲胄纹样彩瓷、奥地利王室定做的纹章瓷餐盘等都属于广彩。

为了让瓷器更适用于欧洲人的日常生活，荷兰商人在明末就已把欧洲餐具做成木制模型带到广州，让瓷商转交景德镇仿制瓷胎。荷兰东印度公司在 1758 年送到广州的瓷器图样，是炭笔素描画的奶壶、可可杯、痰盂等的图形。欧洲商人甚至要求广彩匠师在这些日用瓷上仿绘他们特意带来中国的各种版画、油画、水彩画、素描画等图案，纹饰种类包括徽章、船舶、人物、花卉、动物，以及宗教主题等。心灵手巧的广彩匠师，以开放的心态、探索的精神和极富感染力的描绘，令每一件作品极少重复制作，形制繁多，因此清康熙至嘉庆年间，广彩也被赞誉为“式多奇巧，岁无定样”。

根据乾隆年间到过广州的欧洲人的回忆录和日记描述，当时在广州珠江南岸郊外有不少附属于洋行的瓷器彩绘作坊，每个彩绘作坊有 80 ～100 名工匠，其中有少年，也有年老而技艺卓绝的匠师。由此可知，当时的广彩作坊已经从靠近十三行的城西迁移至珠江南岸人烟较为稀少的龙导尾、龙田村一带，这也是广彩又有“河南彩”之称的原因。

虽然远隔重洋、语言相异，但海纳百川、兼容并蓄的广彩匠师，用中国工笔与西洋画法与外商进行直观的跨文化交流，那些古希腊、古罗马的神话故事和西方世俗生活，那些陌生的山脉、峡谷和葡萄酒，在他们笔下精彩呈现。他们成功地绘制出了从风格到色彩都和中国传统陶瓷绘画明显不同的作品，无论其透视、明暗……都让初次见到广彩的人大为惊叹。

欧美对 Canton Design 青睐有加

广彩与青花、粉彩并列为中国三大外销瓷器。在清代三大外销瓷的出口数量上，广彩占较大比重，享有“世界官窑”之称，远销欧洲、美洲、亚洲、非洲等的 100 多个国家。世界各大博物馆都珍藏有精美的广彩，仅英国不列颠博物馆就收藏了 1717 件广彩精品。

广彩历史上最重要的产品是外销瓷，即外商来样加工订制的“客货”。300 多年来，广彩产品随着客户的订货需求而生产，花样款式也随之而变。据《堆金织玉——广州彩瓷》介绍，以下三种产品在广彩中较为特别。

第一种为仿西式器皿和纹饰来样订制。明崇祯八年（1635 年），荷兰商人第一次把欧洲市民在日常生活中所使用的器具碟、罐、洗脸盆等做成木制模型，并带到广州，让商行交由景德镇的瓷器师傅模仿生产，试制出首批样品运往荷兰。这批适合欧洲人使用的瓷器在欧洲市场上供不应求。

第二种为“唛头货”，是广彩外销瓷中一种特别的产品，研究者将其称为“纹章瓷”或“徽章瓷”，是彩绘有欧美各国宫廷、家族、公司商号等徽章纹饰的外销瓷器，也是来样订制品。据史料记载，18 世纪，中国销往欧洲市场的纹章瓷约 60 万件，约

300 个欧洲家族到中国订制过纹章瓷。

第三种为行碗，常见图案为十三行景象。又称为“皮碗”，也有人以英文 pouch bowl 音译称其为“潘趣碗”。洋人常要求艺师在这种碗上画他们与中国人做买卖的地方——十三行的景色，以满足国外消费者的好奇心。这种巨型大碗多是欧洲人用来调制果酒的器皿，有些直径甚至达 50 厘米。行碗胎薄釉润，图案繁复精美，是广彩外销瓷中的珍品。

约在 1765 年，广彩匠师制作过一件描绘英国牛津波塔尼卡尔公园大门的瓷盘，门前站着和山羊一起散步的德国植物学家波巴尔脱。这原是荷兰铜版画家伯尔格赫尔斯的作品，由牛津的青年博物学家布莱克带到广州，请广彩匠师复制到瓷盘上。由此可知，当时的“上手”师傅（广彩高级加彩工艺师）以工笔模仿西洋铜版画，工艺已臻极致。

闻名欧洲的广彩文物珍品猎狐纹调酒大碗，直径达 40.4 厘米。碗内壁满画着一幅西洋人猎狐景。图中贵族们正策马飞驰，一只跳跃奔跑的狐狸绘在碗底中间，这是模仿一幅油画绘成的。但是图中所采用的环形散点透视法跟中国传统长卷画的散点透视法是同一原理。由此可见，碗里美丽的图案，是广彩的加彩高手经过对原画构图的再创作绘制而成的。

18、19 世纪，广彩风靡欧洲，成为王室贵族追捧的珍品。至今，广彩在海外仍有很高的知名度，受收藏界热捧。

^ 清乾隆广彩珍珠地狩猎纹镶卷草纹铜饰方口盖瓶一对（广州十三行博物馆藏）

^ 清嘉庆广彩描金庭院人物纹章椭圆形大茶盘（广州十三行博物馆藏）

^ 清乾隆广彩镂空花卉纹花口碟（广州十三行博物馆藏）

面貌为之一新

第十章·第二节

回归传统 堆金织玉

广彩定制不仅是简单的来样加工，更是陶瓷技术和艺术的综合体现，开放和创新令广彩保持着旺盛的生命力。《堆金织玉——广州彩瓷》写道：清代嘉庆、道光年间，欧洲有了陶瓷厂，收藏家开始喜欢仿古瓷。当时，广彩受到欧洲外销阻滞的影响，同时，欧洲的审美时尚和消费方向已经改变，这成为广彩发展史的一个转折点。

为寻求销路，广彩商人和匠师尽量降低成本，并在花式上创新，开辟美洲和南洋等地新市场，增加仿清初三彩、五彩的传统图案，并参考明清绘画、画谱、绣像、全像小说插图等，创作出人物和景物图案。“金殿比武”“鸿门宴”等中国人喜闻乐见的故事，被绘上广彩，漂洋过海去往欧洲。

在嘉庆和同治年间，广彩又形成“折色人物”“长行人物”的规范画法[1]；在“开方”（一种纹饰）周围的“满地”（一种纹饰）上引入锦缎提花的万字锦、人字锦、云纹锦等图案，后又发展为以进口洋金水描绘的“织金”，将中国传统的吉祥喜庆图案改为固定的图纹花样；把原先碎花的纹样组成固定的完整构图，令之可百搭使用。如此，“开方”内的图案可以千变万化。

---

1 折色人物的技法与景德镇的粉彩相近，先描绘出人物形象的轮廓线，再行填色；长行人物是部分勾线描绘出人物定位后，用色釉直接绘画，并且用颜色绘出衣纹的深浅明暗和衣服上的花纹图案的技法，所绘人物形象更为立体生动，是广彩的特色技法之一。

自此，广彩的面貌为之一变，形成许多固定的花式图案，“岁无定样”成为过去，装饰蜕变为构图饱满、密难行针，色彩艳丽、堆金织玉，从 19 世纪开始，一直影响至今。

∧ 谭广辉广彩作品《百子千孙同贺喜》（广州市非物质文化遗产保护中心供图）

万缕金丝织白玉

广彩以构图紧密、色彩浓艳、金碧辉煌为特色，被世人赞誉为“万缕金丝织白玉，春花飞上银瓷面”，散发出经久的魅力。

据《织金彩瓷——广彩工艺》研究，在康熙年间，早期广彩的色彩特点不明显，使用的胚体及釉料颜色都来自景德镇，颜料主要有红、绿、黑、金、蓝、麻等古彩色系，整体色调偏棕。

到了乾隆、嘉庆时期，广彩在釉色上有明显的发展，出现了如西洋红、茄色、粉绿、鹤春色以及红、黑色配成的“麻色”，这时的广彩变得鲜艳明快。

清代后期，即道光至光绪时期，广彩开始大量采用进口釉料和金水，颜料品种增多，色泽也极为艳丽，光彩夺目。

广彩的制作技艺非常精细复杂，采用了勾、描、织、填等多种彩绘技法。最为特殊的“织金堆玉”工艺技法，是在白胎瓷器上运用提花织物中“织金”的手法，将“金线”描绘在瓷器上，仿佛将万缕金丝“织”在白玉上，广彩于是有了“织金彩瓷”的美誉。此外还有数种常用的技法，如彩绘人物时常用“折色人物”和“长行人物”两种技法；彩绘花卉时则用没骨技法，即不用勾线而以色彩点染而成，清雅脱俗；此外，“挞花头”技法也很常用，即用水或油调色，不勾轮廓线，通过落笔轻重，挞出花头，这种技法有如中国画技法，体现出轻柔、润丽的自然美。

^ 乾隆时期的广彩青花瓷器（王维宣摄）

岭南国画入瓷　清新秀逸

在近代广彩瓷发展史上，不得不提的重要一笔是革命者与文人画家创办的广东博物商会，岭南画派创始人高剑父是其主要创办人。商会既是革命者的秘密机关，又是制作广彩的作坊，也是提倡“改良工艺”“美术实用”的实践基地。

商会出品的彩瓷取国画的构图和笔法，一改清同治、光绪以来广彩瓷器大红、大绿、大金的传统，在用彩上虽然仍以墨彩、绿彩、黄彩、红彩（主要用干大红，基本不见西红）、黄彩等为主，但用彩清新淡雅。在绘画技法上，使用岭南画派的画法，因而画面呈现出浅绛彩和新彩瓷器的特点，题材上有人物、山水、动物等。

1909 年 1 月，《时事画报》在香港举办美术展览会，彩瓷因打破传统工艺的固有形式而大受欢迎。当时，广州还出现了芳村化观瓷画室、笔花仙馆、咏梅别墅、碧梧画居等新的瓷器绘画室，作品采用中国画的表现形式，尽显晚清绘画的风格，清新秀逸，格调高雅。

广彩一度从广州消失

1894 年，甲午战争中国战败后，日本在中国境内开设瓷厂，景德镇等瓷区的瓷厂纷纷倒闭，广彩被迫使用日产瓷胎为原料。

进入 20 世纪，广彩更是经历了自诞生以来最艰难曲折的时光。1931 年九一八事变后，全国各地纷纷号召抵制日货。当时，充满爱国情怀的广彩工人把已经制好的产品集中在珠江南岸龙船岗，全部打碎，轰动全城，广彩行业停工、停产。

抗日战争爆发后，广彩匠师纷纷逃难，转到香港和澳门的瓷厂谋生。广彩业一再遭到毁灭性打击，战后能寻找到的技师人数不到战前的十分之一。

^ 广彩人物画瓷器（广州十三行博物馆藏）（王维宣摄）

糅合不同艺术精华

传人不懈努力　岭南特色鲜明

1956 年，广州织金彩瓷工艺厂的前身——广彩加工厂正式投产，广彩翻开新的一页。在政府的大力扶持下，从港澳回穗的广彩技术人员和广州的技术人员携手奋斗，20 世纪下半叶，广彩艺术达到一个新的顶峰，其作品被称为“新广彩”。

20 世纪 80 年代，“新广彩”的绘画技法在传统的基础上有所突破，更多地与景德镇彩瓷和中国画技法相融合。纹饰题材和用彩更加丰富多样，除了绘制传统器物外，还尝试了壁画、雕塑等不同艺术形式的创新探索。总体纹饰布局大部分保留了繁密而不凌乱的传统风格，将许多图案打造为经典花款，如花篮、龙凤、彩蝶、金鱼、古装人物等。

百年广彩世家“赵兰桂堂”的传人中尤以第三代传人赵国垣为佼佼者。1988 年，赵国垣荣获“中国工艺美术大师”称号。他技艺优秀而全面，擅长人物描绘，共设计出 540 多件（套）花式作品，被行内公认为“人王”。

进入 21 世纪，政府加大了保护传统工艺美术的力度。广彩逐步转向工艺精品和艺术品的生产，产品类型更加多元化，艺术技法也因广泛吸收其他彩瓷和工艺的养分而更加富于表现力，广彩进入了多元化发展时期。

2008 年，广彩技艺被列入第二批国家级非物质文化遗产名录。广彩传人的技艺也不断创新，好作品层出不穷。其中，“赵兰桂堂”第四代传人赵艺明在广彩传统技法中融入了撞水、撞粉等国画技法，人物糅合了中国工笔画的技法和西画的造型基础，吸取国画线描和着色、皴染的审美趣味，人物造型比例准确，面相美丽俊朗，表情丰富生动，色彩冷暖明暗富于变化。为了表现人物头发的透视和质感，作品中的仕女发髻要描画8次，巧妙结合了工笔与写意的技法。

苦练二三十年方能成为广彩工艺师

在南华东路许恩福工作室，一件件珍品以彩笔为针、丹青作线，白瓷绘作织金彩瓷，素泥化为逸彩华章。从业六十余年的广东省工艺美术大师许恩福将圆瓷盘卡在枕箱（内装有彩绘工具，彩绘时可以用来承托执笔的手臂的工具箱）的凹槽中，左手转动圆瓷盘，右手在枕箱上握笔，几秒钟就用毛笔画出均匀的圆弧线。

“练画功、练构图、练花式，成就一个优秀的广彩工艺师，需要二三十年。”许恩福表示，制作一件小型工艺品要花上一周时间，如果是一米多高的大花瓶，起码要半年时间才能完成。

历经三百年沧桑，一代又一代的广彩传人执着地传承着这一手艺。如今，工具的改进也有助于广彩的进步。广彩传人不再“一笔走天下”，手中的笔各具功用，专业性更强。现代温控烧制广彩、电脑设计图案、调制五彩颜料等也都逐一实现。为传播广彩文化，广彩大师们还纷纷当起了老师。十几年来，赵艺明、许恩福时常到图书馆、大学、中小学甚至幼儿园讲课，不断开拓传承教育，为广彩的传承培养了一批高素质人才。现在，除了定制作品外，广彩大师更多的是制作茶杯、餐盘等日用器皿。他们更希望广彩走入寻常百姓家，这样才不会使这门百年技艺消失。

墙内开花墙外香

北京故宫博物院的文物专家杨伯达先生与耿宝昌先生曾对清宫旧藏瓷器的文档、贡单进行过深入调查，得出的结论是“广彩无贡品”。现藏广彩，是北京故宫博物院成立后入藏的。

“广彩七彩艳丽、金碧辉煌的世俗风格，颇为张扬，似乎不符合中国传统的崇尚婉转、雅致、内敛的审美标准；它的图纹题材也不符合国人的喜好。即便在广彩生产最辉煌的时候，其地位也不可能像清代广州著名的工艺品牙雕、玉雕、木雕、工艺钟等那样。”但民俗专家曾应枫认为，广彩承载的历史意义、艺术价值等一点也不比景德镇彩瓷逊色。广彩既有当地民间传统文化的元素，花花绿绿，织满金色，反映广州风情，又有西洋技法的彩绘，表现外国风景和人物，所以，它是属于世界的。

^ 赵艺明随父亲学艺，得其言传身教，广彩技艺掌握全面，尤在广彩颜料配制上有独到之处（王维宣摄）

^ 赵艺明绘制广彩图案（王维宣摄）

第十一章 瑰丽广绣一笔千针

文 | 倪明 卜松竹

一笔千针色彩瑰丽，广绣因交流而多彩。

广绣与潮绣合称“粤绣”，粤绣与苏绣、蜀绣、湘绣并称为我国四大名绣。2006年，历史悠久的粤绣（广绣、潮绣）被列入第一批国家级非物质文化遗产名录。

两千年过去，绣针依旧在绸面上飞动，巧手仍然在丝绢中游走。彩线勾勒出的万花世界，容纳了真实和想象，勾连起东方与西方。深受岭南文化影响的广绣技艺，发展至今，已是岭南文化的代表作之一。一方面，它镌刻了两千年以来岭南先民审美情趣的印记；另一方面，它记录了中西文化交融的现象；同时，它还呈现了当代广绣人探索创新的一幅幅生动画面。

海上丝路促进广绣繁荣

刺绣由宫廷飞入百姓家

1983 年，广州象岗山发现南越王赵眜墓，墓中除了成捆的织物，很多器物也是用织品包裹的。虽然大量整匹整卷的织品已经炭化，但经过科学分析，可知其中绝大多数是丝织品，有绢、罗、纱、锦、麻五类织物。在出土文物中还发现有绣纱、绣绢。虽然刺绣的整体图案不明，但在残片中仍能看出以“辫子针”和“长挑针”针法绣制的纹样。

广州能产出丝织品，盖因其得天独厚的条件：广东气候温热潮湿，珠江三角洲平原河网密布，适合种桑养蚕。广东桑蚕业已有两千多年历史，是中国四大传统蚕茧产区之一。广绣正是在丝绸生产、贸易、消费的深厚底蕴上成长起来的。

汉武帝时期，广东的朱崖郡（今海南省）、德庆、连州以及广州附近已有采桑养蚕、桑蚕织绩的生产活动。西汉时期，广东本地出现了刺绣工艺。

唐开元年间，广州设立市舶使，允许民间的海外商贸活动，并在广州为外国商人设立蕃坊。广州的丝织品作为重要的传统贸易物资，亦随着商船漂洋过海。

最早与广绣相关的文献记载见于唐朝。唐人苏鹗撰写的《杜阳杂编》中说：“（唐）永贞元年（805 年），南海贡奇女卢眉娘，年十四……能于一尺绢上，绣《法华经》七卷，字之大小，不逾粟粒，而点画分明，细于毛发，其品题章句，无有遗阙。更善作飞仙，盖以丝一缕，分为三缕，染成五彩，于掌中结为伞盖五重，其中有十洲、三岛、天人、玉女、台殿、麟凤之象，而外列执幢捧节童子，亦不啻千数。”卢眉娘是有记载的我国历史上最早绣字的民间艺人，年仅 14 岁便技术高超，广绣也从此名扬天下。

唐代，广东已经可以做到“蚕桑五收”，丝绸织造技术和刺绣工艺也有很大提高，“广东锦”以精工细巧闻名于世。《旧唐书》载：“（唐中前期）宫中供贵妃院织锦刺绣之工凡七百人……扬、益、岭表刺史必求良工造作奇器异服，以奉贵妃献贺。”岭表即今两广地区。如果说汉晋时期从番禺等广东沿海港口出口的丝织品还缺乏鲜明的本地标识，比不上蜀锦等“知名品牌”，到唐代，广绣匠人的水平已被视为与传统丝织业重镇扬州（江浙）、益州（四川）并列的最高级别了。唐玄宗时，岭南节度使张九皋进献精品广绣给杨贵妃，获加官三品。

宋代，广东形成了以珠江三角洲为中心的蚕丝基地。随着经济的快速发展与技术的不断进步，部分丝织品的价格逐渐下降，刺绣等“精工细作”进入寻常人家，对外出口的规模也在不断扩大。

明代广绣进入鼎盛时期

据研究古代刺绣、缂丝针品的名著《存素堂丝绣录》（作者朱启钤，为民国年间研究中国丝绸史和建筑史的倡导人之一）

记载，当时的刺绣艺人不仅能熟练地使用绒线刺绣，还创造性地使用孔雀毛、马尾作线缕和勒线刺绣。今广州美术学院便珍藏有用孔雀羽毛编成绒缕刺绣的绣品。

蓝海红表示，明清时期，随着大规模商品贸易的发展，丝织品从自用商品（少量贡品）发展为大宗出口商品，这使广绣在技法和生产方式上都发生了质的转变，进入鼎盛时期。

明代，增城女子陈瑞贞令广绣迎来了另一个高光时期。据清代《增城县志》和《陈氏族谱》记载，明洪武十五年（1382年），14岁的陈瑞贞被选入宫中，因刺绣技艺出众，被明太祖任命为“司采”，管理皇家锦丝刺绣等事务。女官、妃嫔纷纷拜她为师，广绣之工艺由此在京城中传开。

来自广州的绣品还沿海路贸易传播到西方社会。17—18世纪，出口欧洲的广绣中不仅有批量生产的商品，还有贵族定制的独特绣品。据研究，明正德九年（1514年），葡萄牙商人将在广州购得的绣片带回国献给国王，受到嘉奖。明万历二十八年（1600年），英国女王伊丽莎白一世因喜爱来自广东的金银线绣，亲自倡导成立了英国刺绣同业公会，从中国进口丝绸和丝线，加工绣制贵族服饰。当时，中国除了外销绣品，还把刺绣材料、绣绷、绣架以及技艺传播到西方，促进了西方刺绣技艺的发展。

∧ 民国白缎地广绣百鸟纹对襟长氅衣正面（广州十三行博物馆藏）

∧ 民国白缎地广绣百鸟纹对襟长氅衣背面（广州十三行博物馆藏）

清代男性绣工唱主角

清康熙二十四年（1685 年）设立粤海关后，为适应大批量生产的需要，广绣开始走出民间家庭作坊，走上商品化生产的道路。清雍正前后，广绣又增加了一类新品种——粤剧戏服，这便是当时享誉全国的广州伶装。清乾隆年间，刺绣业形成了行业，成立了锦绣行，会名“绮兰堂”，入行者须为男工（俗称“花佬”），当时有 900 多人。

为何四大名绣中只有广绣能让男工唱主角呢？在绣品行当进行展售工作多年的梁培芳告诉笔者，当年的订单非常多，工人需要加班加点赶工，且很多绣品是大幅作品，需要长时间站立工作，对绣工的体力和耐力要求很高。正是这些原因让体力和耐力高出一筹的男工成为广绣行的主角，专绣重要部位，为上手工。

1757 年“一口通商”后，各省丝绸都转运到广州，再出口欧美。市场繁荣，农民种桑养蚕热情很高，手工缫丝也成为珠江三角洲发达的家庭手工业。学者顾书娟提出，清嘉庆、道光年间，广绣专业场所鳞次栉比，仅状元坊的广绣工场与商店就有几十家，并向番禺、顺德、南海等地发展。这种相对集中的生产和销售方式一直影响到十三行之后的很长一段时期。

那么这些出口的广绣有多贵呢？《粤海关志》载，第一艘来华的美国商船“中国皇后号”船长格林购买了两件广绣绣品，共花费 68 美元，而当时西方人买一把象牙扇的平均价格只需 1 美元。

广绣入列“四大名绣”

清末民初，广绣在各项国内外大赛中崭露头角。比如，在 1915 年旧金山太平洋万国巴拿马博览会上，广绣艺人余德的《孔雀牡丹会景》获一等奖；1923 年，英国为庆祝伦敦大铁桥通车，举办国际展览，余德作品《瑞狮》获二等奖；1929 年，在广州举办的四川、湖南、苏州、广州四地绣品展览竞赛上，广绣以余德绣制的《孔雀牡丹》《番狮》及黄妹绣制的《雪地风景》等作品参展，获得好评，广绣作为“四大名绣”的地位得以确立。通过这些国际国内的展览展示，广绣在国内外的知名度得到提升，广绣贸易保持繁荣。

1956—1965 年是广绣发展史上的又一个繁荣时期，刺绣业从业人员恢复到 3500 多人。1957 年，广州市工艺美术研究所成立，设实验工厂，致力于广绣的普及和技术提高。两年后，研究所整理编写了《广州刺绣针法》，同时所里绣制的《紫荆孔雀》被陈列于人民大会堂广东厅。每年广交会，广绣都会有大批令人惊喜的作品出现。应各地的邀请，广州还派出师父到珠三角及潮汕地区传授广绣技法，在全省出现了遍地盛开广绣之花的喜人景象。

1982 年，陈少芳的绣画《晨曦》在第二届中国工艺美术博览会“百花奖”评选中荣获金杯奖，成为当代广绣创作中标杆性的作品。2018 年，广绣被列入第一批国家传统工艺振兴目录。不少民间刺绣艺人重拾绣针，广绣又焕发出新的生机。

∧ 陈少芳广绣作品《晨曦》（广州市非物质文化遗产保护中心供图）

∧ 通草水彩人物图中的绣娘（广州十三行博物馆藏）

胆大心细浓墨重彩

第十一章·第二节

针法多变　用色明丽

我国刺绣的历史极其悠久，早在《尚书》中就有所记载。传统刺绣多细腻逼真、形象生动，配色雅致协调，“花随玉指添春色，鸟逐金针长羽毛”。而与精细雅致的苏绣、平整鲜亮的蜀绣、细腻写实的湘绣相比，广绣堪称“浓墨重彩”。

为了在潮湿多雨的条件下保存广绣，首先要求绣品色相纯度高，能长久保持鲜亮；又因工艺的要求，广绣的色阶数量少，跨度却很大，一般是一片花瓣会用同种色相的几个色阶，即以“跳阶”的方式用色，用色富丽、对比强烈、明艳亮丽。广绣艺人还喜用金线勾勒轮廓，使作品喜庆。

广绣有几十种针法，且针法多变，会根据题材的需要创新针法，让绣出的物象栩栩如生。广绣善留“水路”，在绣片之间留出几毫米空隙，让绣面层次突出，主体形象更醒目。

九旬“花佬”绣起花来茶饭不思

勾稿、上绷架、选色线、定绣纹、选针法、刺绣……广绣“花佬”许炽光将细如发丝的丝线，分出1/16，穿过绣花针，先在刺绣面料上绣一个小点固定丝线，然后选定附近一点，从上到下刺过绢纱，留下一道线痕，再寻合适位置，从下往上刺，续上下一段弧线。五彩的丝线在他手指灵活的舞动下，眨眼工夫，就勾勒出夏日莲叶的一角。在广州绣品工艺厂，老、中、青三代绣工齐聚一堂，穿针捻线，构成一幅岁月静好的画卷。从6岁入行成为“花佬”，到今年91岁，许炽光这样形容自己对广绣的感情：“绣起花来，我好像可以不用吃饭一样。”

“勾稿是用画笔将图案轮廓勾画到面料上，选色线是从成千上万种彩色丝线中将这幅作品要用到的线选出来，定绣纹、选针法就是根据每幅画面不同的主题、每束光彩不同的流转，来判断和调整每一步最合适的针法绣制。”广绣省级代表性传承人伍洁仪一边刺绣一边介绍。

针法多变，用色、用线大胆，不拘一格，这也是广绣不同于其他绣种的明显特色。

受到岭南民间手工艺和中西审美兼顾的影响，广绣针法多样，纹理清晰，善留水路，层次分明。广绣对工艺要求极为严格，有“光、亮、齐、密、净、匀”的行业规范。运针讲究“针程”“手宝”，即针步均匀，针路流畅，针脚齐整，绒线排列紧凑。

除了直针、续针等基础针法，广绣手艺人还会根据题材的需要创造针法，让绣出的物象栩栩如生。伍洁仪绣制巨幅广绣作品《夏日海风》时发现，传统的针法难以表现惊涛拍岸的动感画面，于是他对刺绣动物绒毛针法和撕针针法进行改良，按照树杈的形状及通过各种排列组合创新“Y形针”针法。波浪的浪头和浪花采用“旋转Y形针”的形式，先绣成一个个小小的“Y”字形纹，然后慢慢地绣出旋转的形状（因此取名为“旋转Y形针”），形成浪头和浪花，在浪花的尾部再配合圆毛针针法。通过绿色、蓝色、深紫色、浅紫色、紫蓝色等10多种色线穿插使用，以Y形针和圆毛针的针法把卷起的浪花与流淌着的海水连接起来，将大海气势磅礴的壮丽景观表现得淋漓尽致。

岭南特色鲜明　产品种类多元

当我们欣赏一幅广绣作品的时候，会发现广绣构图讲究饱满繁茂，少有空隙，突出热闹的意境，独具岭南特色。

广东省博物馆陈列展示中心主任白芳表示广绣以绣岭南风物出名。百鸟是广绣最为常用的题材，此外广绣还喜用花卉、水果、龙凤、鱼、山水、风景、人物等作为创作题材，荔枝、红棉以及三鸟（即鸡、鹅、鸭）是此类题材中的翘楚，反映出广绣“接地气”的一面。

作为古代海上丝绸之路上的重要商品，广绣见证了海上丝绸之路的历史，表现出与其他绣种明显的不同。广绣是民间刺绣，正是由于适应商品生产的需要，广绣的产品种类非常多元。从北京故宫博物院所藏的清光绪年间广绣花鸟博古插屏背后一张绣庄的广告单中可以见到，广绣不仅有日用品，也有装饰品；有适用于国内需求的产品，也有适合海外市场的产品；既有满足人们日常生活的日用品，也有满足皇室贵族的贡品。

在中西方文化交流中，广绣不仅蕴含着岭南文化的特色，还融入了西洋绘画技法，风靡上流社会，是备受西方人青睐的来自中国的高级订制品。

白芳指出，广绣有别于其他三大名绣的一大特色就是针对西方市场量身订制绣品，精湛的技艺与异国审美结合，能及时地适应欧洲人的审美时尚。在东西方艺术与审美的互鉴中，诞生了在全球贸易史上颇有名头的“马尼拉大披肩”。

明清时期，广绣吸收了西洋油画的艺术风格和明暗透视及光线折射的原理，这种中西结合的风格很符合西方人的审美情趣，在欧美大受欢迎。这可以说是广绣发展史上一个关键的转折点。依广东民间工艺博物馆专家胡继芳的说法，西方艺术史学者认为，广东的金银线绣对17—18世纪的法国绘画、手工艺以及建筑艺术、室内装饰等产生了重大影响，特别是在路易十五时期，描绘宫廷生活的油画就借鉴了金银线绣的技法。

^ 伍洁仪巨幅广绣作品《夏日海风》（广州绣品工艺厂供图）

^ 广绣作品《伴侣》（广州绣品工艺厂供图）

^ 广绣作品《红荔白鹅》（广州绣品工艺厂供图）

陈氏广绣美如画

“陈氏广绣”独具一格

国家级非物质文化遗产代表性项目粤绣（广绣）代表性传承人陈少芳前后花费了 10 年时间，设计了原创长卷作品《岭南锦绣》。该作品长 13.8 米，高 1.2 米，长卷从“腊月寒梅”“晨曲”开始，一直到“荷塘秋月”“羊城远眺”结束，包含了 18 个意境、51 种共 128 只鸟、一年四季的时花鲜果、早午晚时分的景色等，将广绣传统、创新的针法技艺总结并记录下来，被岭南画派艺术家关山月赞誉为“广绣的世纪之作”。

走进广绣省级非物质文化遗产项目代表性传承人谭展鹏位于芳村的鹏喜公司，乍一看，会让人误以为来到了陈列油画和水墨画的展厅。从人物肖像到静物写生，再到花鸟、风景，各类题材的广绣作品应有尽有。仔细端详进门处的一幅荔枝图，随着观赏角度的不同，丝线色彩竟然不断变化，晶莹的露珠挂在荔枝上，更显得荔枝鲜嫩欲滴，使人垂涎。

“这已是陈老师不断改进技法后第四代绣荔枝的方法了。”谭展鹏介绍。他口中的“陈老师”是他的母亲、广绣代表性传承人陈少芳，她创造了独具一格的“陈氏广绣”。

1962 年，陈少芳于广州美术学院国画系毕业，来到广州市工艺美术研究所担任广绣设计工作。据谭展鹏介绍，陈少芳设计并参与制作的广绣名作《晨曦》的亮点在于孔雀的翅膀：“在传统画法中，孔雀翅膀向天的部分是亮色的，腋窝是暗色。起初画成这样，如果能绣出来，都已经是上品，但是我母亲感觉不满意。她认为这样的绣法不够立体。”由于有美术专业功底，陈少芳对于光影有着敏锐嗅觉。有一天，她突然想到，早上的太阳刚从地平线上升起时，孔雀翅膀的受光方式会有所不同。她决定抛开传统做法，把本应处于阴暗面的翼底“擦亮”。最后，《晨曦》的孔雀翼膊部位向观众观看的方向“凸”出来，呈现更立体。

在陈少芳看来，创新是广绣保持常青生命力的关键。陈氏广绣作品一直不断追求通过灵活、革新地运用针法、绣法和色彩搭配，实现更强的画面表现力。陈氏广绣创造了“绒毛针”针法来绣小鸡、“短发针”来绣小孩的光头、“竹编针”来绣竹篮……极大地丰富了广绣的技法和艺术语言。而陈氏独创的珠绣工艺则让多彩的绣线与玛瑙等宝石相结合，艺术品又提升了一个档次。

陈少芳提出广绣色彩表现的新技法“丝线色彩构成法”，将不同颜色的丝线组合在一起，以丝线的疏密控制画面的颜色和亮度，通过绣花针和丝线实现调色板的功能，大大开拓了广绣用色的新天地。据黄敏健介绍，他们使用的丝线需要专门订制，颜色多达上千种，仅红色就有将近 10 种。“举例来说，当我们把三种油画颜料混合，会产生第四种颜色，原来的颜色全都不见了。但如果是刺绣，无论你把三色丝线以何种方式混合，远看能够呈现第四种颜色，近看依然可以分辨出原来的颜色。这就是丝线色彩构成法的奥妙所在。”曾应枫这样评价“陈氏广绣”的色彩特点：“传统的刺绣是平面的，而且比较单调。红就是红，黑就是黑。陈少芳让刺绣的颜色发生了更多的变化，就像我们平时说的‘墨分五彩’一样，她把丝线也分成很多种颜色，一条红线里面包含许多种深浅不一的红。这是一种很有价值的创新。”

让广绣穿在大众身上

谭展鹏、谭展彬自幼接触广绣，耳濡目染，最终选择成为母亲的助手、广绣传承人。此外，谭展鹏的妻子黄敏健也是广绣大师。

工业化时代，不论是在工艺品领域还是在日用品领域，“一笔千针”的绣品都是奢侈品，但传承人并不甘心作品只能活在博物馆里。“广绣本来是日用品，不能全进博物馆。”谭展鹏说。有创新才有传承，也是陈少芳的理念。

∧ 陈少芳代表作《岭南锦绣》（局部）（广州市非物质文化遗产保护中心供图）

2014 年，谭展鹏夫妇与母亲陈少芳创作的跨界作品“挂绿荔枝”女装牛仔裤在新塘牛仔品牌服装慈善拍卖会上拍出了 100 万元。另一方面，“陈氏广绣”开拓了工业化生产，为服装、布艺、家居、室内装饰等提供广绣设计、商品供应。“凡是平面的二次加工，刺绣都可以做。”谭展鹏说。

陈少芳孙女谭靖榆在传承祖辈技艺的基础上，努力创新，用刺绣记录当下生活，承载时代记忆。她把广州独有的饮食文化——广式早茶搬上绣绷；还将广绣和汉服相结合，设计出一系列广绣主题的汉服，并因此获评第 21 届广东十佳服装设计师，让广绣不仅挂在墙上，更能穿在身上，把传统融入时尚。她在社交媒体上教大家从零开始制作刺绣香囊。“我想绣属于当下的题材，将来当它被送入博物馆，一百年、一千年后的人们看到我的作品就既能感受到广绣的技艺传承，也能感受到原来 2022 年的世界是这样的。”

第十二章 广东醒狮真功夫

文｜刘幸

广东醒狮真功夫，舞出吉庆精气神。

每逢喜庆必有醒狮。逢年过节或重大活动，广州街头巷尾必有威风凛凛的醒狮助庆，赢得街坊一片喝彩。

始自汉代，丝绸之路让中国有了舞狮传统。五代十国之后，舞狮随着汉人南迁，从中原流传至岭南。广东醒狮是融武术、舞蹈、音乐等为一体的民俗文化，寓意如意吉祥，象征雄健、勇敢和力量。醒狮寓意丰富，在民间备受欢迎，且扬名海外，有华人的地方就有醒狮。

雄狮经丝绸之路传入中国

第十二章·第一节

汉代已经出现狮子舞

狮子为百兽之尊，形象雄伟俊武，给人以威严、勇猛之感。中国古人将它当作勇敢和力量的象征，认为它能驱邪镇妖、保佑平安，逐渐形成了每逢节庆、新张庆典等重大活动必舞狮的习俗，祈望生活吉祥如意、事事平安、生财有道、步步高升等。

人们或许会有疑问，中国本无狮，岭南更无，中国狮舞究竟来自何方、源自何时？

在我国历代文献中，虽然早就有狮子的记载，但贡狮的记载最早见于东汉时期。《后汉书》记载：东汉章和元年（87 年），月氏国献狮；二年（88 年），安息国献狮。狮子沿着古代丝绸之路，来到中国，进入汉人的视野，并凭借其高大威猛的形象，被百姓尊为瑞兽，视为吉祥、勇敢的象征。

关于狮舞的记载，最早见于《汉书·礼乐志》，其中就提到“象人”。三国时魏国人孟康解释，“象人”是扮演鱼、虾、狮子的艺人。朝贺饮宴上，进行象人戴面具模拟狮子舞动表演，这是狮舞起源的一种说法。

狮舞的另一传说是，约 1500 年前，一直对北魏虎视眈眈的匈奴人想出一个计策。他们用木头雕刻了多个狮子，套上金色布匹缝制的“狮皮”，假意要给北魏皇帝表演狮舞，其实是将刺客安排在表演者中，想借机刺杀皇帝。不过，这一奸计被识破了，但狮舞这个新颖的表演令当时的北魏皇帝回味无穷。他便命人效仿，后来狮舞便渐渐流传了下来。

魏晋南北朝佛教盛行，狮子颇受推崇，成书于6世纪的《洛阳伽蓝记》中就记载了法会行列中的狮舞。这一时期还有关于狮舞用于战争的记载：南朝宋文帝元嘉二十三年（446年），交州（今广东、广西一带）刺史檀和之奉命征伐林邑，林邑王范阳指挥士兵，操着长矛，骑在又高又大的象背上，令宋兵无可奈何。宋将想到百兽害怕狮子，于是命士兵连夜用布、麻等做了很多“狮子”。最后双方交战时，宋军放出了许多张开血口的假狮子，张牙舞爪直奔大象，大象吓得掉头乱窜，林邑象军大败。

唐代，狮舞在宫廷中的发展达到巅峰。这其中，唐玄宗与狮子的缘分匪浅。传说唐玄宗做梦游月殿时，在阶前遇见一只五彩缤纷、阔口大鼻的独角兽，但它并无恶意，只是在阶前滚球。唐玄宗醒后想重睹这一现象，命令近臣将他梦境中的瑞兽模仿出来，同时由乐部配以雄壮的锣鼓编舞娱宾。唐玄宗时，有一种表现勇士戏狮的“太平乐”，亦称“五方狮子舞”，颇具规模。唐代诗人白居易在《西凉伎》中写了这样的诗句：“西凉伎，假面胡人假狮子。刻木为头丝作尾，金镀眼睛银帖齿。奋迅毛衣摆双耳，如从流沙来万里。”把当时盛行的狮舞的形象和舞姿刻画得细腻诙谐、栩栩如生。由此亦可见，唐朝的狮舞与现代人所见的已十分相似。

宋代，宫廷舞蹈开始式微，民间成为舞狮的生存土壤和表演舞台。《宋史》卷一四二《志第九十五》云：“百戏有蹴球、踏蹻、藏擫、杂旋、狮子、弄枪……”“狮子”作为宋代流行的“百戏”之一，被置于“杂旋”和“弄枪”这两种武技项目之间。

狮舞从中原流传至岭南民间

安史之乱后，唐朝盛极而衰，宫廷乐工、艺人大量流入民间。五代十国之后，狮舞随着汉人南迁，从中原流传至岭南民间。

明代，狮舞已传至彼时广东南端琼州（今海南）。明《正德琼台志》第七卷“风俗”条称，上元日“装僧道狮鹤鲍老等剧，又装番鬼舞象”，其中提及“狮鹤”等剧。海南 1988 年建省前曾隶属广东，此可谓关于广东狮舞的早期记载。明代王穉登的《吴社编》记有万历年间的迎神赛会，亦提及广东狮舞：狮子金目熊皮，两人蒙之，一人戴木面具，肖月氏奚奴，持绣球导舞，两人蹲跳按节，若出一体。由此可见，武术已经与狮舞结合。

明末清初的《广东新语》记载了广州元宵节的狮舞盛况：“元夕张灯烧起火，十家则放烟火，五家则放花筒……城内外舞狮象龙鸾之属者百队。”

清代，广东民间习武群体纷纷成立狮会，以寓武于狮的方式延续尚武传统，促成了狮舞与武术的进一步融合。广府地区几乎每个乡镇都有自己的醒狮队，凡有祠堂，必有舞狮少年。

南狮北狮大不同

中国狮舞大致以长江为界，主要分为南狮、北狮。狮分南北的时间点有不同说法：有称约在宋朝，彰显武技的狮舞随移民南迁，产生了南狮、北狮之分；也有称大概是从明末清初开始，狮舞逐渐演化出南北两个流派。

南狮、北狮称呼不同。广东狮舞称“醒狮”，突出一个“醒”字。广东狮舞本称“瑞狮”，清末民初，“中国先睡后醒论”广泛传播，在“无睡狮”“瑞狮醒觉”影响下，舞狮团将“瑞狮”改名为“醒狮”。粤语“瑞”与“睡”发音相同，“醒”在粤语中有醒目、觉醒的意思，寓意唤醒国家、国民。醒狮醒国魂，击鼓振精神，“醒狮”之名获得了普遍认可，从此广东狮团都采用“醒狮团”之称。1925 年沙基惨案后，社会各界利用醒狮表演唤醒国家、国民的意识更加自觉，醒狮的表演进一步盛行。

南狮、北狮外形大不同。北狮通常是成双成对出现的，分一公一母，头顶的绣球讲究“红男绿女”，从北狮头顶的绣球就能辨其雄雌。作为南狮代表的广东醒狮则都是公狮，造型威猛。据说，醒狮的形象来自古代传说中龙的九子之一——狻猊。狻猊形似狮子，头顶尖而锐的狮角，略微向前弯曲。据说该尖角是狻猊的独门法器，只要看到邪恶的东西，就可用以攻击对方。所以，广东醒狮有驱邪避害的吉祥寓意。

与北狮只有橘色一种颜色不同，传统广东醒狮以黄、红、黑三色为主，对应三国人物刘备、关羽、张飞。近年来，为增加醒狮表演的观赏性，广东醒狮的颜色就更多了。

南狮、北狮表演形式不同。北狮以“形”为主，模拟狮子跳跃翻腾等，多走杂技路线，常常以众狮踩球、过跷跷板为炫技高潮；南方狮重“意”，主要是靠舞者的动作表现出威猛的狮子形态，将狮子的神态动作拟人化，通过喜、怒、哀、乐、动、静、惊、疑等神态将故事情节展现出来。

^ 新春岭南醒狮民俗文化节（王维宣摄）

^ 沙湾古镇留耕堂里上演精彩的醒狮秀（李波摄）

广东醒狮精髓在『采青』

动作多以南拳马步为主

广东醒狮融合了武术、舞蹈、音乐等元素，集观赏性、艺术性、竞技性于一体。2006 年，广东醒狮被列入首批国家级非物质文化遗产名录，归入传统舞蹈类。

传统广东醒狮的完整套路顺序和内容有“睡狮”“觉醒”“出洞”“巡山”“觅青”“采青”“吐青”“舔洗”“回归”。舞狮时可根据时间选择其中的一个或者全部进行表演。

表演时先“开桩”，锣鼓擂响，狮舞者先打一套南拳，作为表演的开场和序幕。拳礼是传统醒狮活动最注重的。这一方面是向观众施礼，另一方面也是对本门派武术的宣传。

舞狮人动作多以南拳马步为主。马步是醒狮的基本功，要完成醒狮的各种高难度动作，最重要的是通过长期扎稳马步，练就有力的双腿。从初学狮舞到拿到狮头，往往需要两三年时间。随着训练方法的改进，如今年轻的狮舞者在一年之内就可以拿到狮头。不过练习高桩的运动员则需花上更长的时间。往往需要至少相互配合五年，狮头与狮尾才能做到动作合一。

“采青”颇具戏剧性

狮子动作有“睁眼”“洗须”“舔身”“抖毛”等，主要套路有

“采青”“高台饮水”“狮子吐球”“踩梅花桩”等。其中的“采青”是醒狮的精髓，已派生出多种套路，有起、承、转、合的完整过程，兼具戏剧性和故事性。不同故事，采不同的“青”，如“醉狮”中的“青”就是酒埕中的酒，“狮子遇佛采灵芝”中的“青”则是灵芝。赵伟斌介绍，醒狮“采青”中“青”通常用生菜，有“生财”的寓意，还会搭配芹菜（寓意“勤勤恳恳”）、蒜（寓意“精打细算”）等。受商户委托的醒狮表演，“青”中还会放上红包（即“利是”，取其吉利之意，也是狮舞者的酬金）。狮子“采青”后，狮舞者留下利是，把“青”送还给商户，商户接下，寓意发财致富。

根据“青”的摆放位置，广东醒狮“采青”一般可分为“高青”“地青”。“高青”是将“青”吊在两三米高的地方，一般是在房梁或长杆上，表演者通过站立、爬杆、爬梯、上楼台、叠罗汉、高桩等方式“采青”。高桩醒狮中，国际标准桩阵有 21 根梅花桩柱，最高达 2.5 米，最低 1.2 米，半数超过 2 米，桩上表演难度极大，一个小失误就会让表演者跌落，所以特别需要团队配合。“地青”多在地面表演，一般将“青”放在地面或设在台面上，常见的“青”包括蟹青、椰子青等。“地青”中还有一种表演形式称“水青”，将红包放在碗里、浮在水缸中，表演者在缸沿边舞边“采青”，很考验舞狮者的功夫。

不管怎样发展，醒狮“采青”表演均是拟态化的，展现的是一头有灵性的狮子——威武稳重、刚健勇猛、活泼、多疑、贪玩和贪食等。

广东醒狮的表演还具有生动的故事性。“桃园三结义”是传统地狮表演精彩的套路。开场时，刘备狮、关羽狮、张飞狮呈闭目趴坐状，三弟张飞狮率先醒来，快速地眨眨双眼，在一轮兴高采烈的舞动后，便随着一轮擂鼓声，在旁边安静地蹲坐着。随即二哥关羽狮醒来，大展拳脚。最后便是大哥刘备狮。三头狮子齐步起舞，同步做出高狮、叩礼、并步开合跳等动作……张飞之勇、关羽之义、刘备之仁在精彩的演绎中也得以淋漓尽致地展现。

除了“桃园三结义”，醒狮的三国题材还有“千里走单骑”“孔明借东风”“三英战吕布”等。此外还有其他传统典故表演，如“卧冰求鲤”“仕林祭塔”“太公钓鱼”等；蟹青表演讲述的是“狮子”遭遇“老虎蟹”的故事。在粤语中，“老虎蟹”有“天大的麻烦”之意，“破老虎蟹”则有“勇敢无畏”的寓意。

^ 广东醒狮醒国魂　喜庆雄壮振精神（陈忧子摄）

完美醒狮表演离不开鼓、锣、镲、大头佛

一场完美的醒狮表演离不开鼓、锣、镲这三种打击乐器。其中，鼓为主角，鼓没有敲起来，锣、镲不能动，鼓、锣、镲配合形成锣鼓喧天、排山倒海之势，可以助狮壮威。舞狮时，击鼓手也是醒狮的指挥和灵魂，击鼓手通过各种鼓点指挥醒狮起舞，舞狮人则随着不同的鼓点，把狮子舞得活灵活现。

大头佛是醒狮表演中的辅助角色，也是南狮区别于北狮的重要特色。在北狮表演中，引狮郎的表演者不用戴任何头具，手持绣球逗引狮子。南狮中的大头佛源于《西游记》观音给唐僧一撮长命草和一把蒲扇的典故。表演时，大头佛用长命草引千年雄狮出洞，再用蒲扇降伏它，使之造福一方。因此，醒狮具有除恶、降瑞、献吉祥的含义。大头佛的头套制作是以石模具用纸一层层糊出来的纸壳模型。在醒狮表演时，大头佛手执大葵扇，除了指引舞狮者前进，还要表演各种诙谐滑稽的动作，逗乐观众。

广东醒狮极限表演

2023 年春节前，永庆坊旌旗招展，锣鼓喧天，醒狮出动，街坊里三层、外三层将粤剧艺术博物馆广场围得水泄不通，齐刷

刷拿出手机，见证广东醒狮赵家班高桩表演“雄狮翻山越岭采青”的经典套路。

随着鼓、锣、镲奏出欢快之声，一头威风凛凛的红色醒狮蹦蹦跳跳地“出山”，来到梅花桩脚下，先行三叩礼，便着手“采青”。

采青先得“上桩”。狮子前双脚腾起，后双脚稳立，“狮头”跃起，往前冲一步，瞬间就从地面向前方跳起，“狮尾”顺势把“狮头”“扔”上 1.8 米的高桩。上桩后，“狮头”立刻在桩台上扎好马步，“狮尾”随即起跳，借助“狮头”的腰力，腾空 1.8 米以上，一并站上梅花桩。全程用时不到 2 秒，落脚丝毫无差，引来一片叫好声。

醒狮“上桩”后，在“崇山峻岭”中活动筋骨，表情欢乐。一系列龙腾虎跃的表演后，表演者猛地往前一跃，“狮尾”站定，“狮头”扎到“悬崖”（桩台）下，左右探望。休憩玩耍一番后，醒狮发现“峡谷”的另一侧有最高峰，仅有弹丸之地可落脚。于是醒狮前双脚腾空，后双脚站立，后退两座“山峰”（桩位），再一个俯冲，连续跳跃 4 座“山峰”（桩位），最后稳稳地“钉”在最高的桩上，此时“狮头”凌空，全靠“狮尾”拉住站稳。这是最难的表演套路，因为一个桩饼的直径仅有 38 厘米，两人四足必须分毫不差地挤在一起。

站得高，望得远，醒狮很快看见有一处悬崖边有“青”，随即“狮尾”把“狮头”托起，转身。醒狮张开大嘴 “食青”，狼吞虎咽地“吞青”，小心谨慎地“吐青”，给观众“送青”，送去新春的祝福。顿时，观众纷纷喝彩。“真好看，广东醒狮真功夫表演，百看不厌……”“台上一分钟，台下十年功!”“技艺高超，很棒!”“中国舞狮蕴含中华文化，每次看都很激动。”凡是看过醒狮表演的观众，都不吝留下赞美之词。

∧ 黄飞鸿狮艺醒狮队闹开春（陈忱子摄）

^ 黄飞鸿狮艺醒狮队闹开春（陈忧子摄）

『醒狮』跨界火出圈

第十二章·第三节

作为广东人生活中喜庆吉祥的文化符号，醒狮活动经久不衰。20 世纪 70 年代，广州市总工会牵头组建了工人舞狮队。20 世纪 80 年代较有名的醒狮队有广州武术协会醒狮团、广州工人醒狮队、广州“三八”醒狮队等。工人醒狮协会编写了首本《醒狮竞赛规则》。20 世纪 80 年代以来，广州几乎乡乡都有自己的醒狮队，活跃在广府各地。

1987 年全国运动会闭幕式上，广州醒狮队亮相，这也是其第一次在大型运动会上表演。而后，2008 年北京奥运会、2010 年广州亚运会等，醒狮都是大型体育活动的重要表演项目。其中，2010 年广州亚运会开幕式上舞动的 4 头巨大的中国红醒狮，狮头直径 2 米，狮被长 6 米，是迄今全球最大的能自如舞动的醒狮。

不分年龄，不分性别，越来越多的人喜欢醒狮。据广州市非物质文化遗产保护中心的调研统计，截至 2018 年，全市登记在册的醒狮、舞龙队伍共有 268 支。到了 2022 年，据广州市龙狮协会的调研数据，广州境内从事醒狮表演的人数（不含在校学生）有 1 万多人，其中职业醒狮队员超过 5000 人，非职业的人数有 8000 多人；参加醒狮活动的学生有 3 万多人。

新生代练功不辍

如今，越来越多的年轻人学习并参与醒狮。“90 后”吴绮君是广东醒狮（黄飞鸿狮艺）的新生代传承人，广东醒狮市级代表性传承人邓锦钊的徒弟。吴绮君的生活与武侠电影有类似之处：平时，她每天晚上花两个小时跑步、练拳，琢磨各种醒狮动作；到了周末，上午训练，下午忙自己的工作。

“我们队伍会坚持练功，师兄弟们会一起扎马步、练石锁、练单斗。有武术的基础再学醒狮会事半功倍，就比如伏虎拳，它的套路中既有同手同脚的动作，也有相反的动作，特别锻炼身体的协调能力和整体素质。基本功扎实，舞狮时能做到的动作会更多，而且效果很不一样。”吴绮君举例说，“像醒狮中有个动作叫‘吊马’，动作类似于金鸡独立，脚尖需要用力绷紧。练过武术的人习惯把力用到脚尖，虽然看上去动作只有一两厘米的差距，但感觉是完全不一样的。”

赵伟斌介绍，截至 2024 年 11 月，南国醒狮鼓乐龙狮团有 60 多位专职演职人员，业余玩醒狮的多达千人。早上 9 点前，演员们进行基本功练习，跑步、练气、压腿，俨然戏校、体校中的场景。上午，演员们在团里继续进行技艺训练，下午、晚上演出。醒狮易学难精，“基本动作几天就能掌握，但要把它表演得很好，像跳梅花桩，可能要花几年甚至是一辈子。高手一个星期不练功，都不敢随便上桩表演”。

醒狮走进校园　舞剧电影出圈

广东醒狮走进校园，成为学生喜闻乐见的健身项目。

每周二下午，在署前路小学的操场上，舞狮的声音此起彼伏，一群少年擂鼓、蹲马步、举狮头……这是该校的“第二课堂”时间，也是学生龙狮队的训练日常。2016—2024 年，广东醒狮进校园活动已在署前路小学连续开展了 8 年，深受师生喜爱。学校摘获数个国内外醒狮比赛金奖，还成功申报为“广州市非物质文化遗产传承基地”。

2024 年 11 月的数据显示，广州市 11 个区均有中小学开设醒狮课程。两年多的时间内，广州市龙狮协会在 196 所学校中开展了醒狮项目。

近年来，广州诞生了不少口碑极佳的跨界文艺作品，如舞剧《醒・狮》、动漫电影《雄狮少年》，让广东醒狮火出了圈。舞剧《醒・狮》将醒狮的阳刚完美展现，获得 2018 年第十一届中国舞蹈“荷花奖”舞剧奖，这是中国专业舞蹈艺术级别最高的奖项。2022 年 7 月，《醒・狮》在四川大剧院为观众送上一场“云演出”，直播吸引超过 340 万人次围观。网友们在社交网站留言称，在屏幕前都能深深感受到醒狮的“飒”和“燃”。

《雄狮少年》则成为豆瓣 2021 年度电影榜评分最高的华语电影。这部电影中展示的醒狮惊艳了很多观众，很多人开始了解并喜欢上了醒狮。原创音乐剧《雄狮少年》亦于 2024 年 1 月在广州大剧院全国首演。

^ 舞剧《醒·狮》（骆昌威摄）

故土狮舞慰乡愁

“有华人之处，必有醒狮。”广东醒狮是众多海外华人记忆中的乡愁，是心与故土联系的桥梁，也是展示中华文化的载体。清代，不少广东人移民海外，广东醒狮随粤籍移民向海外传播并落地生根，一开始主要在华人社区内表演，渐渐地，醒狮表演成为当地多元文化的重要活动之一，盛行于世界各地。

“咚咚锵，咚咚锵……”2023 年春节之际，澳大利亚悉尼歌剧院前上演了热闹的醒狮表演，吸引众多游人驻足；在英国伦敦，伦敦华埠商会举办第 22 届特拉法加广场中国春节庆典，醒狮亮相，吸引 70 万民众参与活动；在沙特阿拉伯首都利雅得世界大道“中国城”举办的“2023 欢乐春节”活动中，嘉宾争相为“醒狮”点睛；在纽约大都会艺术博物馆，醒狮出现在庆祝中国 2023 年农历新年的活动中；在新加坡街头，到处舞龙舞狮，春节气氛浓厚……代表着激情的醒狮表演，独特的中国新年文化精彩纷呈，深深吸引了世界各地的人们。

锣鼓一响、醒狮出动，空气中弥漫着浓浓的中华味道，仿佛回到故乡过春节。在马来西亚，醒狮表演已经成为当地春节每年必备的节目。马来西亚每年都会举办世界性的醒狮（南狮）大赛，较著名的有两年一度的云顶世界狮王争霸赛。2007 年，马来西亚文化、艺术及文物部宣布，将本土自创的高桩舞狮列入马来西亚国家文物遗产“重要文物”名单。

海外醒狮的发展也影响了国内的醒狮表演方式。赵伟斌记得，“高桩狮”是“出口转内销”的典范，起源于马来西亚，糅合了中国传统武术中的梅花桩、“板凳狮”等技艺，30 多年前传回国内，可谓醒狮运动的一次重大创新。

40 多年来，每届广交会线下开幕式都少不了广东醒狮的表演，收获了众多国外粉丝，广东醒狮头制作的海外订单亦接踵而来。醒狮海外受热捧也带来了发展机遇。

赵伟斌记得，1983 年，父亲赵继红带着 3 个徒弟随广州杂技团首次出访泰国。这也是新中国成立后南狮第一次出国表演，在华人华侨中引起轰动。其后，来自广州的醒狮几乎每年都要出国表演。2019 年，广州的醒狮登上国际邮轮，开启长达 53 天的南太平洋巡演，全程 1.6 万海里，抵达 13 个国家和地区，创造中国醒狮对外交流时间最长、出访国家最多的纪录。

赵伟斌说，醒狮代表一种哪怕遇到挫折也永不放弃的精神。每次出国表演，他都能感受到海外华人的激动之情和对中华文化的喜爱之情。

^ 威风凛凛的“赵家狮”（陈忧子摄）

^ 小豆丁幼狮队（骆昌威摄）

^ 醒狮少年，潜心学艺（莫伟浓摄）

趣知识——路遇醒狮，哪里可以摸？

在广州，街坊路遇醒狮，往往要上前抚摸。不过，醒狮可不是什么地方都能摸的。广东醒狮省级代表性传承人赵伟斌介绍，广东醒狮的额头（寄寓鸿运当头）、眼睛（寄寓龙马精神）、耳朵（寄寓聪明伶俐）、鼻子（寄寓财运亨通）、面部（寄寓福泽绵长）、口舌（寄寓大吉大利）是可以抚摸的。而狮角、额镜、尾巴是不能摸的：头顶的角是狮子的灵器，因此，不管是表演者还是普通观众，都不能随意抓狮角，否则就是对醒狮的不尊重；额镜功能如同八卦镜，具有驱邪纳福的作用，也不能碰；摸尾巴会引起狮子愤怒，尤其两狮相遇触摸或者“咬”尾巴，必定打架，故而狮尾也不能摸。

∧ 醒狮表演非常受欢迎（廖雪明摄）

后记

广州，既是创新活力之城，也是历史文化之城。建城2200多年来，广州积淀了深厚的历史底蕴和文化内涵，是岭南文化的中心地和发源地之一。

2022年伊始，广州日报开辟《读懂广州·粤韵周刊》专栏，挖掘并展现岭南文化从涓涓细流到江河汇流的壮阔历程。为此，创作团队立足广州，奔赴佛山、中山、东莞、惠州、阳江、梅州、潮州、汕头、韶关等广东省内城市以及云南、四川等地，将分散在各地、各个领域的历史遗迹、历史事件、代表人物、古街古巷、名山大川，以及日常生活中的风物习俗、饮食习惯、文化娱乐等广府文化符号串珠成链，探寻那些至今仍闪烁光芒的人文精神，内容涉及自然山水、传统风俗、文化艺术、风土人情、饮食特色、城市建设等。

专栏推出三年多以来，受到读者一致好评。为了更好地传承弘扬岭南文化，我们在《读懂广州·粤韵周刊》的基础上编写了这套“老城市　新活力”丛书之“带你读懂广州”书系。本书系共分为五册，分别是《带你读懂广州山脉》《带你读懂广州水脉》《带你读懂广州城脉》《带你读懂广州商脉》《带你读懂广州文脉》，以帮助读者更为全面、系统地了解广州的过去和现在。

本书系在采写过程中，得到了王元林、叶曙明、刘小玲、刘金山、孙永生、纪德君、李宏卫、冷东、陈泽泓、陈鸿钧、赵伟斌、胡巧利、饶原生、黄剑丰、黄海妍、梁凤莲、程存洁、曾应枫、曾新、湛汝松、颜晖、潘剑明、禤文昊等众多学者、专家（排名不分先后）的帮助和指导，在此致以诚挚的感谢。

我们还要特别感谢曹子锵老先生，虽然已 90 多岁高龄，仍满怀热情地为本书提出宝贵的修改完善意见。

本书系尝试用文化视角、媒体语言来解读广州城市历史文化，大部分内容仍保留作品原有的新闻叙述风格，因此语言风格和编排逻辑有别于学术著作和历史专著，也不同于一般的新闻报道。由于水平和认识所限，时间仓促，丛书中所呈现的观点等仍有可能存在待商榷和推敲之处，祈请读者指正。

广州日报读懂广州工作室

二〇二五年五月